Norbert Golluch

Der Anti-Knigge

Lieber unverschämt
und erfolgreich

Eichborn Verlag

Die Deutsche Bibliothek - CIP-Einheitsaufnahme
Golluch, Norbert:
Der Anti-Knigge : Lieber unverschämt und erfolgreich /
Norbert Golluch. - Frankfurt am Main : Eichborn, 1992
ISBN 3-8218-2244-9

© Vito von Eichborn GmbH & CO. Verlag KG, Frankfurt am Main,
März 1992.
Cover: Uwe Gruhle/Detlef Surrey.
Illustrationen: Detlef Surrey
Gesamtherstellung: Fuldaer Verlagsanstalt GmbH.
ISBN 3-8218-2244-9
Verlagsverzeichnis schickt gern:
Eichborn Verlag, Hanauer Landstr. 175, D-6000 Frankfurt/M. 1.

Inhalt

Vorwort 5

Adolph von Knigge? Was'n das für'n Penner? 8
Alles nichts als Schau - gutes Benehmen unter der Lupe 14
Wer höflich ist, lügt wie gedruckt • Der Code der Verlogenen - was Höflichkeitsfloskeln wirklich bedeuten • Die irritierende Entgegnung • Die ignorierende Entgegnung • Die Herrenmenschen-Entgegnung • Die idiotisierende Entgegnung
Lassen Sie sich nicht einspeicheln! Komplimente 23
Die Dame zuerst? Treppenwitze der Höflichkeit 25
Der Judaskuß lebt! 27
Alle reden Schwachsinn, niemand hört zu - Konversation 34
Bürotratsch • Stammtisch-Talkshow • Arbeitsessen • Die Technik der bedeutungslosen Entgegnung • Die Technik der pseudonachdenklichen Wiederholung • Die Technik des verstehenden Desinteresses • Die Technik der stereotypen Entgegnung • Die Technik der besorgt-erstaunten Nachfrage • Die Technik des schweigenden Zuhörens
Killt Knigge! Die Regeln der Unhöflichkeit in Rat und Tat 44
Dressed to kill - Outfit • Mode: Der letzte Trend • Haare 1: Wo lassen Sie verwüsten? • Haare 2: Die Urkraft des Bartwuchses • Kriegsbemalung: Make-up als Nervenschock-Auslöser • Duftmarken & Gaskrieg: After Shaves & Parfums • Ihr gönnt mir ja sonst nichts: Schmuck! • Sag mir, was du fährst... - Autos
Let's Misbehave! Schlechte Manieren als Waffe 55
Gleich in die Vollen - Die Anrede, Ihre Visitenkarte • Die Kunst zu provozieren - der Affront • Du oder Sie? Die falsche Anrede am richtigen Platz • "Na, Dokterchen?" - Titel • Verbal flüssig - die feuchte Aussprache • Voll ins Fettnäpfchen - scheinbare verbale Ausrutscher • Die dumme Bemerkung • Das mißglückte Kompliment • Die Beleidigung • Die üble Nachrede • Sprache als Keule: der Fluch • Nervend bis aufs Blut - mein Lebenslauf • Haarsträubend doof - „Konversation" mit Gästen • Kennen Sie den? Witze als Würgemittel • Arsch, ficken, Scheiße - Hach, was sind wir frei!

Die Betriebsklimakatastrophe - Beruf und Büro 77
Die andere Bewerbung • Hackordnung: Wer provoziert, muß gut sein • Karriere 1: Die Blamage als Waffe • Karriere 2: Die „Leiche im Keller" • Karriere 3: Vitamin B • Karriere 4: Gute Sitten, ade! • Solide Vetternwirtschaft

Der Elefant im Porzellanladen - Feste & Feiern 87
Performance für Ihr Ego - die Einladung • Die richtige Kleidung zum richtigen Anlaß • Der richtige Transportweg • Zu spät, zu früh, zu lange oder unerwartet - der Faktor Zeit • „Gestatten, Molzer!" - Die Vorstellung • Das Gastgeschenk und andere Strategien, um einen Gastgeber zu beleidigen • Tischsitten: Der beste Platz ist der richtige - Sitzordnung • Urkraft Hunger - Wozu Messer und Gabel? • Was man einem Hummer bei Tisch alles antun kann • Der Kampf ums Dasein - das Büfett • Die Urkraft des Elementaren - Rülpsen, Furzen, Schreien, Lachen • Wunderwaffen: Dein Freund und Helfer - Alkohol • Massive Umnebelung - Nikotin • Die Kinder immer dabei! • Dilettanten an die Macht! "Künstlerische" Darbietungen • Geld macht geil - Gespräche über Zaster • Wann Sie gehen? Ihre Sache... • Ätsch, wir kommen nicht! - die Absage

Das Primitive überzeugt im Kulturleben 121
Das Non-plus-ultra für schlechtes Benehmen: die Vernissage • Schockeffekte in Theater, Oper, Konzert • Mitmacherfolge 1: Im Ballett • Mitmacherfolge 2: Im Kabarett

**Brüskierte Kellner und geklautes Besteck -
Spaß im Restaurant** 123
Die Beschwerde 1: Was ist das überhaupt für ein Saftladen hier? • Die Bestellung • Wer angibt, hat mehr vom Leben: Champagner für alle! • Beschwerden 2: das Essen • Beschwerden 3: die Rechnung • So wird man bargeldlos sein Geld los! Die Kreditkarten-Show • Hey, Big Spender! Trinkgeld • Die Sau rauslassen - Anbaggern und Aufreißen

Charakter? Hauptsache flexibel! 136
Der Idealcharakter • Streit - leicht gemacht • Freunde fürs Leben? • Es kann der Frömmste nicht in Frieden leben... • Kollegen? Wozu sonst sind sie da?

Nachwort 143

> Wir sehen die klügsten, verständigsten Menschen
> im gemeinen Leben Schritte tun,
> wozu wir den Kopf schütteln müssen.
>
> Adolph von Knigge

Vorwort

Wir sind eine merkwürdige Art. Einerseits haben wir in diesem Jahrhundert bereits einige hundert Kriege geführt und Millionen von Mitmenschen ins Jenseits befördert. Am effektivsten geschah dies in Hiroshima und Nagasaki. Andererseits entsetzt uns im Umgang miteinander die gräßliche Vorstellung, irgendwo in ein unsägliches Fettnäpfchen zu treten. Ein und derselbe *homo sapiens* grillt die Artgenossen der gegnerischen Partei atomar oder verhackstückt sie mit eigens zu diesem Zwecke entwickelter Computermaschinerie - und hat zugleich im sozialen Lebens seiner eigenen Fraktion einen Mordsbammel, gegen die feinen Umgangsformen zu verstoßen und z.B. Fisch mit dem Messer zu essen. Großartig.

Auch die Vernichtung unserer ökologischen Ressourcen macht uns mächtig Spaß; die führenden Köpfe in Sachen Öko-Suizid stehen in vorderster Front des öffentlichen Lebens. Umweltminister Töpfer führt die Häufung von Leukämiefällen bei Kindern in der Nähe von Atomkraftwerken herzigerweise „auf einen Virus" zurück, ist aber stets korrekt gekleidet und pflegt beste Manieren. Wer es macht wie er, dem stehen alle Türen offen: ein wenig Unwahrheit, Verschleierung, Parteilichkeit - darüber kann man hinwegsehen. Aber wenn sich jemand danebenbenimmt, z.B. den Cognac aus dem Rotweinglas trinkt, sinken seine Chancen etwa für eine politische Karriere gegen Null. Der Typ kann sich ja nicht einmal benehmen!

DER ANTI-KNIGGE

Wie ungemein bedeutsam Fragen des guten Benehmens eingestuft werden, beweist die Tatsache, daß Sie, lieber Leser, dieses Buch aufgeschlagen oder gar gekauft haben. Während wir alle mit diesem Raumschiff Erde auf der gar nicht mehr so langen Reise zur Hölle unterwegs sind, stellen sich uns immer wieder so nagende Fragen wie diese:

- Benehme ich mich richtig?
- Was trägt man zum Weltuntergang?
- Genügt zur Ökokatastrophe der leichte Abendanzug, oder...
- ...muß es der Frack des Totengräbers sein?

Nicht genug der Gegensätze: Während in unseren Breiten Millionen Menschen über ihren unglaublichen Luxus stöhnen, hungern sich anderswo Milliarden gertenschlank. Nicht daß die Askese auf der einen Seite die Wohlstandsleiden der anderen lindern könnte oder umgekehrt; dazu sind die Strukturen unserer Wirtschaftsordnung zu komplex. Doch wir fragen uns, stets auf perfekte Umgangsformen bedacht: Was reicht man zum Hungertuch, an dem genagt* wird? Einen leichten Roten? Der kann nie falsch sein.

Ob Adolph von Knigge sein Werk „Über den Umgang mit Menschen" vor dem Hintergrund unserer absurden Welt nicht verfaßt hätte, bleibt für immer fraglich. Von seinen Tagen bis heute hat sich zwar manches verändert, aber dennoch: Auf die richtigen, weil allgemein üblichen Umgangsformen kommt es auch heute noch an - glaubt man den Vertretern von Erziehung, Elternhaus und „öffentlichem Leben".

Andererseits jedoch gilt: Wer sich benimmt, nimmt sich was. Wer höflich ist und perfekte Umgangsformen zeigt, ist auf Dauer der Gelackmeierte. Nur wer sich danebenbenimmt, fällt auf, und wer auffällt, hat die Aufmerksamkeit auf seiner Seite. Karriere, Medieninteresse, Geld, Sex, Ruhm und Ansehen sind ihm sicher. Und Spaß - jede Menge schenkelklopfendes Wohlbehagen. Etwas Ärger läßt sich dafür schon in Kauf nehmen.

Ein weiterer Aspekt, Knigges Regeln in Frage zu stellen: Höflichkeit und gepflegte Manieren frusten. Nur verklemmte Sesselpuper und geistige Miniaturenschnitzer verbergen ihre wahren Gefühle hinter einem normierten Lächeln und beknackten Höflichkeitsfloskeln. Psychokrisen und Magengeschwüre sind ihnen so gut wie sicher. Vielleicht kulminieren die alltäglichen, durch den „guten Ton" verursachten Frustrationen schließlich in Haß, Zwietracht und Krieg. Erst Dampf, den man nicht abläßt, entwickelt Druck und sprengt sein Gefäß.

---

* obwohl man an Hungertüchern etymologisch betrachtet ja eigentlich näht und nicht nagt...

Der Mensch von Format hat in unseren Tagen nicht viel zu verlieren. Er kann nur gewinnen - psychisches Wohlbefinden z.B. Deshalb ist er schonungslos ehrlich und offen. Frisch von der Leber weg. Und wenn er sein Gegenüber für einen Dünnbrettbohrer hält, so sagt er es ihm auch, selbst wenn dieses eine „Autoritätsperson" ist oder Macht über ihn hat. Die direkten Folgen eines solchen Verhaltens - Arbeitslosigkeit, Beschimpfungen, Schläge ins Gesicht oder ein lustiges Single-Dasein - trägt er mit Fassung. Langfristig allerdings steht dem Unhöflichen die ganz große Karriere ins Haus. Todsicher. Warum also sind Sie dämlicher Schwachkopf eigentlich noch höflich?

Adolph von Knigge?
Was'n das für'n Penner?

Machen wir uns also daran, die ohnehin überflüssigen und absurden Regeln des guten Tons, die immer noch durch unsere Köpfe geistern, in die Pfanne zu hauen. Beginnen wir mit dem Meister selbst und schmettern wir ihm eine (nur ein wenig) respektlose Knigge-Biographie vor die Birne:

Was für ein schräger Vogel der Adolph Knigge war, zeigt schon seine merkwürdige Unterschrift:

Nicht einmal schreiben konnte Adolph von Knigge, als er am 16. 10. 1752 in Bredenbeck (Was is'n das für'n unbekannter Weiler? Muß irgendwo bei Hannover liegen... Ach ja, dort, der Klecks auf der Landkarte, das Schloß Bredenbeck!) das Licht der Welt erblickte - nur doof herumkrähen, und das tat er ausgiebig. Von

Benehmen, gesellschaftlichen Umgangsformen oder gar guten Manieren konnte keineswegs die Rede sein; der gute Adolph feuerte seinen Karottenbrei durch die Gegend, wie jedes andere Kind, nervte seine Umgebung mit unartikulierten Lautäußerungen und kackte in seine Windeln wie unsereins auch. Ist ja ganz natürlich. Anders gesagt: Von seinem bekanntesten Werk, der Benimm-Bibel „Über den Umgang mit Menschen", das im Jahre 1788 erscheinen sollte, war er noch Jahrzehnte entfernt. Benehmen, Tischsitten und Manieren waren und blieben ein Buch mit sieben Siegeln für den kleinen Adolph, und zunächst einmal mußte er sich mit gewissen pädagogischen Problemen auseinandersetzen - seiner eigenen Erziehung durch seine Eltern nämlich, die zum verarmten Adel gehörten. Kein Zuckerschlecken sowas.

Als er diesen Streß hinter sich hatte, hätte er eigentlich von Dressurübungen die Nase voll haben müssen. Vielleicht war das auch so, denn er begann 1769 ein Jurastudium, um sich besser gegen die Schandtaten seiner Mitmenschen wehren zu können. Schon 1772 hatte er das Studium der Paragraphen dicke und begann als Assessor in Kassel und jobte als Kammerjunker am hessischen Hofe. Das hielt er bis 1775 aus - alsdann zog es ihn nach Nentershausen, wie der Biograph weiß. Was er in dem Nest wollte? Keine Ahnung. Er blieb auch nicht allzu lange, sondern machte sich bald auf Reisen, z.B. ins weltläufige Braunschweig (Wahnsinn! Braunschweig!).

Nachher landet er in Hanau, wo er auf Vorschlag eines gewissen Goethe zum Leiter des Hoftheaters aufstieg und 1779 seine erste Publikation herausbrachte: Das *„Allgemeine System für das Volk"*. Ein allgemeines System mußte es schon sein. Drunter tat er's nicht. 1780 war er den Kleinstadtmief leid, hatte zudem Krach mit seinem Arbeitgeber (Von Benehmen keine Spur!) und es trieb ihn nach Frankfurt. Dort geriet er, mit immerhin schon 28 Jährchen auf dem Buckel, gleich in die Fänge einer damals modernen Jugendsekte, des Illuminatenordens, und verfaßte etliche Ordensschriften für diese okkultrei-maurerische Vereinigung. Bald bekleidete er einen hohen Rang in dem Spiritististenzirkel, dem auch ein bereits genanntes Subjekt namens Goethe und ein gewisser Herder beigetreten waren. Doch auch mit dem Oberspiritisten, einem gewissen Weishaupt, kriegte Adolph Ärger und kehrte dem paranormalen Club den Rücken. Der Adelstitel blieb im Emanzipationsprozeß auf der Strecke - aus Adolph Freiherr von Knigge wurde „der freie Herr" Knigge. Zwischendurch, wenn er gerade mal Zeit hatte zwischen dem Streit mit Arbeitgebern oder Spiritistenchefs oder wenn er gerade mal keinen Adelstitel ablegte, verfaßte Adolph seine berühmten Werke - er schrieb zahllose Pergamente voll, was ihn Unmengen wertvoller Tinte gekostet haben dürfte. Der *„Roman meines Lebens"*, ein vierbändiges Werk Knigges,

erschien im Jahre 1781, als der Verfasser nicht einmal 30 Jahre alt war - genau das richtige Alter, um aus dem vollen Erfahrungsschatz seine Memoiren zu schreiben. Als er mit dem Schinken fertig war, flippte Adolph durch die deutschen Lande, schrieb dabei, was das Zeug hielt (Spitze, Adolph!), lebte ab 1783 in Heidelberg (boh!), ab 1787 in Hannover (Geil, eyh!) und ab 1790 sogar in der Weltmetropole Bremen. Klar, daß der Mann was von mondänen Sitten verstand. Am 6. 5. 1796 beendete Adolph von Knigge seine Lebensreise ein für allemal.

Sein bekanntestes Werk „Über den Umgang mit Menschen" verfaßte Adolph in Hannover. Es erschien im Jahre 1788. Ob die

Hannoveraner sich so schlecht benommen hatten, daß er Anlaß dazu hatte, darüber schweigen die Chronisten. Aber man kann es sich ja denken, wie es in Hannover zuging in jeden Tagen. Nicht umsonst heißt es ja:

wie Hannover und Gomorrha

Was steht drin in dem Schinken? Neben Abhandlungen über Fragen der Selbsterziehung äußerte sich Adolph über das Verhalten gegenüber Mitmenschen, als da wären: Empfindsame und Neugierige, Sonderlinge und Kraftgenies, Freigeister und Deïsten, Freunde und Nachbarn, Gläubiger und Schuldner, Frauenzimmer und Kinder.

Knigges zweibändiges Standardwerk des Benehmens war der Bestseller jener Tage, und für konventionelle Gemüter ist es bis heute der Leitfaden für Anstand und guten Ton, Ethik und Moral. Adolph von Knigge gilt als Philosoph praktischer Lebensweisheit - obwohl kein Mensch sein Buch gelesen hat. Über Tischsitten (= Freß- und Rülpsregeln) und das richtige Benehmen beim Liebesspiel (= Knutsch- und Rammelkonventionen) steht so gut wie nix drin. Es handelt sich eher um allgemeines Geschwafel über das Wesen des Menschen an sich und über Gott und die Welt und so weiter. Sie werden später noch so manches nachlesen können (müssen?).
Hier zunächst ein paar überraschende Aussagen und Einsichten des Meisters, die Ihnen einen ersten Eindruck seiner zwiespältigen Persönlichkeit vermitteln können. Sympathisch erscheint uns der Freiherr, was die Einschätzung gewisser Schwiegermütter betrifft:

Allein bete, daß der Himmel Dich bewahre vor solchen alten Hexen von Schwiegermüttern, die alles wissen, alles tun, und, wenn sie auch dumm wie das Vieh sind, dennoch alles dirigieren wollen; deren Geschäft ist, Hetzereien anzustiften...

> Solltest Du aber zum Unglücke eine solche Meerkatze, ein solches satanisches Hausgerät mit erheiratet haben, so ergreife die erste Gelegenheit, da sie sich in Deine Hausvatersangelegenheiten mischen will, um ihre freundlichen, frommen Dienste auf eine solche Art zu verbitten, daß Sie Dir so bald nicht wiederkomme.

Bravo, Adolph! Auch wenn das Zitat weitergeht:

> Es gibt aber auch gute, edle Schwiegermütter...

Laß mal stecken, Adolph, das interessiert hier nicht. Mit der Toleranz gegenüber Andersdenkenden scheint Adolph noch nicht so weit gekommen zu sein wie in seinen Aktionen gegen Hausdrachen. Mit Gegnern der christlichen Religion will er verbal kurzen Prozeß machen:

> ...wenn aber jemand, der aus bösem Willen, aus Verkehrtheit des Kopfes oder des Herzens ein Religionsverächter geworden oder gar zu sein nur affektiert...
> ...und wenn man es für vergebliche Mühe hält, seinem Gewäsche ernsthafte Gründe entgegenzusetzen, so stopfe man ihm wenigstens, wenn es irgend möglich ist, sein Lästermaul!

Na, na, Adolph! Wer wird denn... Nicht nur in puncto Toleranz, auch in seinen erotischen Vorlieben läge Knigge heute nicht eben voll im Trend:

> Ich bin als Jüngling mit so liebenswerten alten Damen umgegangen, daß ich wahrlich, wenn ich die Wahl gehabt hätte, an ihrer Seite lieber mein Leben hingebracht haben würde als bei manchen hübschen, jungen Mädchen....

Genug zur Einstimmung, weitere Einblicke erhalten Sie später. Der Erfolg von Knigges Werk animierte Dutzende von Plagiatoren zu ähnlich betitelten Veröffentlichungen, in denen sie sich aber weniger über das Wesen des Menschen an sich und über Gott und die Welt und so weiter ausließen als über Etikette, Fragen der richtigen Kleidung, Tischsitten, Benehmen und gute Manieren. Die wirklich drängenden Fragen der Zeit wie z.B. „Wie werfe ich mein Tafelmesser unauffällig und formvollendet nach dem Gastgeber, wenn er meiner Gattin an die Wäsche geht, und wie vermeide ich es, hinterher als Mörder verurteilt zu werden?" - solche zentralen Dinge des Lebens ließen Adolph und seine Adepten aus. Hilflos tappt der Mensch im Verhaltensdunkel.

Vermutlich hat aber Adolph Knigge mit seinem Benimmschinken den ganzen Berg überflüssiger Ratgeber angezettelt, mit dem sich heute Verlage und Buchhändler die Nase vergolden...

Genug über Adolph, sein Leben und sein Werk. Beginnen wir mit dessen Würdigung. Und da die Welt ohnehin verlogen ist, starten wir doch auch mit dem Kapitel über die Lüge.

Alles nichts als Schau - gutes Benehmen unter der Lupe

Wer höflich ist, lügt wie gedruckt

Die Lüge, oder geschwollen ausgedrückt, die beschönigende Unwahrheit, stellt den Kern aller Höflichkeit dar. Nicht umsonst heißt es: die höfliche Lüge.

Wer höflich ist, lügt wie gedruckt. Auch Adolph von Knigge versteht es geschickt, den opportunen Gebrauch der Unwahrheit zu umschreiben:

Der Umgang mit Großen und Reichen muß aber sehr verschieden sein, je nachdem man ihrer bedarf oder nicht, von ihnen abhängig oder frei ist....

Wir ahnen Schlimmes. Und weiter, Adolph?

Im erstern Fall darf man wohl nicht immer so gänzlich seinem Herzen folgen, muß zu manchem schweigen, sich manches gefallen lassen, darf nicht so kühn die Wahrheit sagen...

Nette Umschreibung, nicht? ...nicht so kühn die Wahrheit sagen...

...obgleich ein fester, redlicher Mann diese Geschmeidigkeit dennoch nie bis zu niedriger Schmeichelei treiben wird.

Nie! Auf gar keinen Fall! Aber „geschmeidig" darf man mit der Wahrheit umgehen - laut Knigge. Und das ist bis heute so geblieben.

**Der Code der Verlogenen -
was Höflichkeitsfloskeln wirklich bedeuten**
Das Schema ist aus der Arbeitswelt bekannt: Zwischen dem Wortlaut des Zeugnisses und dem Sinn, der zwischen den Worten versteckt ist, klaffen Welten. Hier ein Beispiel:

Wortlaut: „Herr Gurgel war in beispielhafter Weise um ein angenehmes und harmonisches Betriebsklima bemüht."

Sinn: „Herr Gurgel war ein übler Schluckspecht und Saufaus, der bei jeder passenden und unpassenden Gelegenheit feucht-fröhliche Abstürze in der Firma organisierte."

Zwischen den Worten, die geschrieben werden oder die aus dem Munde unserer Zeitgenossen quellen, und ihrem Sinn tun sich Abgründe auf. Wer die sprachlich zum Ausdruck gebrachten Nettigkeiten wörtlich nimmt, erfreut seine Umwelt zwar mit einem naiven Grinsen der Wohlgefälligkeit, ist aber ein ausgemachter Dummbeutel. Denn hinter dem süßen Wortgeklingel der Höflichkeit lauert die kalte Aggression.

Begrüßungen

Begrüßungen bedeuten viel. Der **Grüßende**, der jemandem zum ersten Mal gegenübertritt, gibt - früher üblich und heute wieder groß im Kommen - seine Visitenkarte ab. Der **Begrüßte** tut durch seine Erwiderung kund, daß er den Grüßenden und die von ihm verbal und gestisch vorgeschlagenen Rollenmuster akzeptiert. Vom ersten Augenblick an ist zwischen beiden alles klar: die Rangordnung, wer Opfer, wer Täter ist, wer Ausbeuter, wer der Ausgebeutete, wer Chef und wer Büttel ist, wer Star und wer Fan, wer wem die Stiefel leckt. Bei einer solchen Bedeutungslast sollte man sich schon überlegen, wen man wie grüßt.

Zunächst zum **Grüßenden**:

Fehler Nummer 1: Wer das Gruβritual einleitet, hat das Nachsehen. Nicht umsonst grüβt beim Militär der niedrigere Dienstrang den höheren. Wer zuerst grüβt, gesteht damit seine Subalternität ein oder aber er wünscht den Kontakt und beginnt deshalb aus der schlechteren Ausgangsposition. Vermeiden Sie es, in die Rolle des Grüβenden zu geraten! Lassen Sie sich grüβen! Wenn dies unvermeidbar ist: Grüβen Sie aggressiv (s. weiter unten)!

Fehler Nummer 2: Der naiv Grüβende, der hinter seiner Gruβesformel nichts weiter vermutet, fährt gleich zu Anfang seinen Karren tief in den Mist. Denn die unbedarfte Verhaltensweise „Gruβ" bedeutet im Regelfall nicht einfach:

„Guten Morgen!" oder „Guten Tag!"

sondern im Klartext: „Guten Morgen, ich bin auch so ein unterwürfiger Depp, mit dem Sie machen können, was Sie wollen!", besonders wenn sie von einer angedeuteten Verbeugung oder gar einem Bückling begleitet ist. Der Begrüβte antwortet z.B. mit einem gnädig-lässigen „Morgen!" oder „'n Tag!" und nimmt damit die Selbstdemütigung des Grüβenden huldvoll entgegen. So nicht, lieber Grüβender, es sei denn, sie wollen den Rest ihrer Tage für andere den Dreck wegwischen!
Voll auf dem Holzweg sind Sie, wenn Sie den guten Tag mit Adjektiven ergänzen, auch noch den Namen oder - noch schlimmer - Titel oder Berufsbezeichnung des Begrüβten anhängen und den Hut lüften:

„Guten Abend, Frau Gallenschrick!"

Klartext: „Ich bin Mitglied im Club der Arschkriecher!"

oder gar:

„Einen schönen guten Morgen, Herr Chefingenieur Abschrauber!"

Klartext: „Ich bin ein völlig serviles Schwein! Tritt mich, schlag' mich, nutz' mich aus - ich brauch' das!"

Wenn Sie schon die eingefahren Grußformeln verwenden müssen, dann relativieren Sie diese wenigstens ironisch mit einem Fragezeichen:

„Guten Tag?"

um den Begrüßten zu irritieren. Oder überziehen Sie maßlos, mit einem seifenopernartigen Lächeln im Gesicht:

„Einen unheimlich wunderbaren zuckersüßen guten Abend, Herr Mülltonnenleerer Sippenstedt!"

Eine weitere Technik zur Vermeidung des naiv-untertänigen Grußes: Grüßen Sie falsch. Mimen Sie den Zerstreuten, der sein Gegenüber gar nicht beachtet:

„Guten Flug, grüßen Sie die Frau Mutter!" bei einer zufälligen Begegnung auf dem Hausflur - das haut jeden Nachbarn aus den Socken. Allenfalls geraten Sie in die Rolle des zerstreuten Professors.

Ebenso ein militärisch knappes „Alles klar! Weitermachen!"

„Mahlzeit!" ist der ideale unpassende Gruß zu jeder Gelegenheit und strahlt massive Überlegenheit bis hin zur arroganten Ignoranz aus - außer mittags in der Kantine. Dort sagt das Gruß-Genie am besten: „Gute Verrichtung!"

Eine eigenartige Wirkung besitzt auch die Technik der falschen Tageszeit, die im unpassenden „Mahlzeit!" schon leicht mitschwang. Ein „Na, denn gute Nacht!" morgens um 7.00 Uhr verströmt geradezu existentialistischen Charme.

Die besten Karten als Grüßender hat aber, wer die Wahrheit sagt - genau das, was er denkt. Entweder offen und mit aller Härte oder - scheinbar - hinter schwarzem Humor verborgen. Der Gruß muß so brutal und niederschmetternd sein, daß der Begrüßte einfach nicht glauben will, daß ihm jemand so etwas ins Gesicht sagt. Und weil er es nicht glauben will, glaubt er es auch nicht. Bewußt - sein Unterbewußtsein versteht Sie schon, darauf können Sie sich verlassen.

Ganz einfach ist diese Grußtechnik aber nicht, weil der Grüßende allzu leicht zu sehr auf die Sahne haut und damit dem Begrüßten ein Hintertürchen offenläßt. Keine geeigneten Grußworte für den aggressiv Grüßenden:

„Na, du fetter Ausbeuter?" (Chef)
„Hallo, Rudelbumser!" (Kollege)
„Hey, du impotente Schwuchtel!" (Kollege)
„Mensch, was freu' ich mich, meinen verfressenen Onkel, die alte Wildsau, mal wieder zu sehen!" (Verwandschaft)
„Hallo, Walter, du alter Wichser!" (Kollege)
„Die letzte Nacht war spitze, Elli, du geile Nudel!" (One-Night-Stand)

Solche und ähnliche Kraftgrüße diskreditieren den Grüßenden, stellen ihn als primitiv dar und erlauben dem Begrüßten und seinem Unterbewußtsein den Ausweg der elitären Abgrenzung. Der Schlag verfehlt viel von seiner Wirkung, weil er zu stürmisch geführt ist. Die treffenden Varianten:

„Na, Chef, stimmt die Kasse?" (Chef)
„Hallo, du kleiner Drunter und Drüber!" (Kollege)
„Na, wie geht's? Oder besser: Geht's noch?" (Kollege)
„Mensch, da ist ja Onkel Willi mit dem Feinkostgeschwür! Gut siehst du aus!" (Verwandschaft)
„Hallo, Walterchen, mein Süßer! Was macht die Liebe? Alles in guten Händen?" (Kollege)
„Bussi, Elli!" (One-Night-Stand)

Diese Ausdrucksweisen lassen Souveränität einfließen: die Gelassenheit des Überlegenen - auch wenn ihn sein bisheriges Schicksal ungerechterweise an den falschen Platz gestellt hat. Soviel zur aktiven Seite des Grußdialogs.

Was, wenn Sie der Begrüßte sind?
Zunächst einmal müssen Sie sich darüber im klaren sein, daß Ihnen die wenigsten Menschen eine simple und ehrliche Erwiderung ihres Grußes glauben werden. Jeder Grüßende deutet die ihm gegebene Entgegnung so negativ aus wie irgend möglich. Hier einige Beispiele:

Situation 1: Überraschender Besuch am Abend, ca. 23.00 Uhr. Originalton:
Gruß des Besuchers: „Guten Abend, ich war gerade in der Gegend und da dachte ich..."
Entgegnung des „Gastgebers": „Das finde ich aber nett, daß Sie mal vorbeischauen!"

Das klingt zu paradiesisch, um wahr zu sein. Tatsächlich vermutet der Grüßende hinter Ihrer Entgegnung folgenden Sinn: „Um Gottes willen! Was will der denn hier?" Doch selbst mit dieser Vermutung liegt er graduell noch völlig daneben. Mal ganz ehrlich - was denken Sie in einer solchen Situation tatsächlich? „Verdammt! Zisch ab, du widerlicher Rattenarsch! Das sieht dir ähnlich, Besuche zu dieser abartigen Tageszeit machen! Verpiß dich!"

Situation 2: Morgens in der Firma, ca. 9.30 Uhr. Originalton: Gruß des Abteilungsleiters, der leicht (eineinhalb Stündchen...) verspätet eintritt: „Guten Morgen, Bolzmann, Sie früher Vogel!" Entgegnung des Angestellten Bolzmann: „Einen schönen guten Morgen, Herr Abteilungsleiter! Nettes Wochenende gehabt?"

Was denkt der Abteilungsleiter über die Grußerwiderung seines Untergebenen? Hält er ihn für höflich, nett und menschlich warm? Nicht die Spur. Er vermutet den folgenden Hintersinn: „Ätsch, ich habe dich erwischt, miese Vorgesetztensau! Zu spät! Jetzt säg' ich dir den Stuhl ab!" Sonnenklar, daß dieser fette Streber am Montagmorgen schon vor mir da sein muß, denkt der Abteilungsleiter weiter, und wieder mitkriegen muß, daß ich zu spät komme! Rache!

Situation 3: Ihr Nachbar trifft Sie zufällig auf der Straße und unterstreicht seinen klebrig-warmen Händedruck mit den Worten: „Morgen, Herr Schimmerlein! Wie geht's der Familie?" Sie entgegnen: „Bestens, Herr Sonnig! Alles bestens! Und selbst?"

Was vermeint Herr Sonnig hinter Ihren Auskünften zu vernehmen? Einen Hinweis darauf, seine eigenen Familienverhältnisse endlich zu klären, etwa in der Art: „Bei uns ist alles in Ordnung, mein lieber Sonnig, aber wissen Sie eigentlich, was Ihre liebe Gattin macht, wenn Sie glauben, sie ginge mit Ihrer Freundin Melanie zum Tennis?"

So sieht die Wirklichkeit aus. Gleichgültig, was Sie sagen - Ihr Gegenüber zieht ein Haar aus jeder Suppe. Deshalb gilt für die Entgegnung eines Grußes: Handeln Sie keinesfalls höflich! Es glaubt Ihnen sowieso keiner! Wählen Sie statt dessen z.B. einen der folgenden Wege der dominanten Reaktion:

Die irritierende Entgegnung
nach dem Muster: „Guten Tag!" - „Ja? Wenn Sie meinen..." stellt Sie in das sonnige Licht als geistvoll-ironischen Zeitgenossen. Alle beneiden Sie wegen Ihrer distanziert-überlegenen Art. Das hoffen wir zumindest.

Die ignorierende Entgegnung
nach dem Muster: „Guten Morgen!" - „Wie? Hat da einer was gesagt?" unterstreicht Ihr selbstsicheres Auftreten und läßt Sie zum Ego-Giganten aufsteigen. Vielleicht...

Die Herrenmenschen-Entgegnung
nach dem Muster: „Guten Morgen!" - „Was soll das, Kretin? Aus dem Weg!" läßt den Grüßenden augenblicklich zum zwergenhaften Untermenschen schrumpfen. Diese Grußentgegnung wird gerne von solchen Mitmenschen gewählt, die zum Brötchenholen mit dem Kübelwagen den Schäferhund Gassi führen.

Die idiotisierende Entgegnung
nach dem Muster: „Guten Morgen!" - „Brav, muttu die Onkels und Tanten immer brav grüßen..." zeigt eindeutig, was Sie von

Höflichkeit und von denen halten, die sich an ihre Regeln halten: Alles Vollidioten! In diesem Fall haben Sie dieses Buch vermutlich schon mit Erfolg durchgearbeitet.

Der Eitle will geschmeichelt sein; Lob kitzelt ihn unaussprechlich, und wenn man ihm Aufmerksamkeit, Zuneigung, Bewunderung widmet, so braucht nicht eben große Ehrenbezeigung damit verbunden zu sein.

Adolph von Knigge

Lassen Sie sich nicht einspeicheln! Komplimente

Klarer noch als bei den Begrüßungen liegt der Fall bei höflichen Schmeicheleien, die sich der seines Verhaltens bewußte Mensch überhaupt verkneift. Komplimente umhaucht stets das Odeur der massiven Lüge, und nur Halbaffen gehen diese verbalen Bauchpinseleien runter wie Öl.

Für den Fall, daß Ihnen ungefragt jemand Komplimente macht und Sie Tendenzen zeigen, auf die plumpe Anbiederung hereinzufallen - hier zu Ihrer Desillusionierung noch einmal einiges im Klartext:

Das Modekompliment
Originalton: „Ihr neues Kleid mit dem Schlangengurkenmuster ist aber wirklich herzallerliebst!"

Bedeutung: „Wenn du aufgedonnerte Spinatwachtel wüßtest, wie du in dem Fummel aussiehst, würdest du den Gurkenfetzen augenblicklich in Essigtunke einlegen!"

Nach dem Abendessen
Originalton: „Es war köstlich, Frau Doktor Granatokowski! Unerreicht, Ihr Ölsardinen-Erdbeer-Auflauf mit Ingwersoße...!"

Bedeutung: „Was für ein unglaublicher Schweinefraß! Wenn ich nicht meinen neuen Anzug angehabt hätte, hätte ich mich gleich nach der Vorspeise übergeben..."

Nach der Amtsantrittsrede
Originalton: „Sagenhaft, Herr Staatssekretär, wie Sie mit einfachen Worten einen so großen Entwurf darlegen können!"

Bedeutung: „Kaum vorstellbar, Willi, du Schrumpfkopf, das du mit dieser mickrigen Sprachkompetenz diesen Job ergattern konntest! Der Minister selbst muß ein absoluter Vollschrat sein!"

Alles klar? Beenden wir hier das traurige Kapitel über Lügen, Halbwahrheiten und den verborgene Hintersinn. Wenn Sie die Methode begriffen haben, wird es Ihnen in Zukunft leichter fallen, die wirklichen Intentionen Ihrer Mitmenschen zu begreifen. Die Richtung aber dürfte klar sein - Grundtendenz: finster.

> Wie aber soll man sich gegen wirkliche Ausschweifungen waffnen...
> ...wenn von einer Seite heftiges Temperament, ein reizbarer Körper, Mangel an Herrschaft über Leidenschaften, Verführung, Buhlerkünstler, anlockende Schönheiten und Gelegenheit uns hinziehen, von der anderen vielleicht der Gattin mürrisches Betragen, üble Launen, Dummheit, Kränklichkeit, Mangel an Schönheit, an Jugend, an Gefälligkeit, an Temperament uns zurückstoßen?
>
> *fragt sich Adolph von Knigge*

Die Dame zuerst? Treppenwitze der Höflichkeit

Von der Lüge zum Hintergedanken, zum Urviech Mensch, gebeutelt von seinen Trieben. Hier zeigt die Höflichkeit ihr wahres Gesicht und ihre versteckten Nebenabsichten. Denn so zuvorkommend und besorgt um ihr Wohlergehen wir unsere Mitmenschen behandeln: Im Grunde halten wir jeden für ein geiles, geiferndes Monster, gebeutelt von primitiven Begierden und Lüsten, das wir unbedingt im Zaume halten müssen. Die Ausnahme: jeweils jedermann selbst. Ansonsten neigen wir zu den häßlichsten Unterstellungen.

Weshalb wohl beschreitet der Herr von Welt eine Treppe nicht hinter einer Dame? Weil das kranke System der Benimmregeln allen Männern unterstellt, sie wollten nichts anderes, als Frauen auf der Treppe unter den Rock linsen. Und das nicht nur bis zu Wade und Knie, sondern möglichst bis hinauf zur... (Lechz, lechz!)

Die Unterstellung: Alle Männer sind miese Voyeure und Spanner. Die Wahrheit: Sind sie ja auch. Die Folge: Wer wagt es unter den Herren (= Männern) schon noch, öffentlich zuzugeben, daß er es mag, wenn eine langbeinige, schwarz bestrumpfte Dame **vor ihm** eine Treppe erklimmt? Wie viele herrlich (Herr = Mann) anzusehende Beine bleiben unbewundert, nur weil... ja, warum eigentlich? Welche Gefahren drohen Männern und ihrer Moral auf Treppen? Wir meinen: keine. Es sei denn es handelte sich tatsächlich um geile, geifernde Monster mit sexuell übererregter Fantasie und enormem Triebstau (von zuviel „Männer-Magazin" oder so). Solche „Herren" kriegen auf der Treppe hinter den Damen womöglich einen genitalen Blutstau, der die bereits vorhandene Leere im Gehirn zum Vakuum vergrößert, was zu Kollaps führen kann. Aber mit dieser Gefahr können wir durchschnittlich erregbaren Männer auf der Treppe hinter den Damen leben. Ganz gut sogar. Und Adolph von Knigge wäre uns dabei ohnehin keine Hilfe, denn er schätzt resignierend seine eigenen Fähigkeiten zu Fragen von Anstand und Moral richtig ein:

*...also überlasse ich jedem vernünftigem Manne,
diese Frage ausführlich zu beantworten
und selbst zu beurteilen, wie er es anfangen müsse.*

Der Judaskuß lebt!

In puncto Sympathiebezeugungen hatte A.v.K. ganz vernünftige Ansichten:

> Mache einen Unterschied in Deinem äußern Betragen
> gegen die Menschen, mit denen Du umgehst,
> in den Zeichen von Achtung, die Du ihnen beweisest.
> Reiche nicht jedem Deine rechte Hand dar.
> Drücke nicht jeden an Dein Herz.
> Was bewahrst Du den Bessern und Geliebten auf,
> und wer wird Deinen Freundschaftsbezeigungen trauen,
> ihnen Wert beilegen, wenn Du so verschwenderisch
> in Austeilung derselben bist?

Doch wer sich nach Knigge richtet, kommt, zumindest in einigen bedeutenden Wirtschaftsbereichen, auf keinen grünen Zweig. Nicht der distanzierte Händedruck, nicht spröde Zurückhaltung - spontane Sympathiebezeigung ist gefragt, und das bei Hinz und Kunz. Die bei uns seit altersher üblichen vier Sphären der persönlichen Nähe

intime Distanz	= 0 - 0,5 m (Liebhaber)
persönliche Distanz	= 0 0,5-1 m (Freunde)
gesellschaftliche Distanz	= 1 - 2 m (Kollegen)
öffentliche Distanz	> 2 m (Fremde)

werden neuerdings durcheilt, als existierten Sie nicht. Ohne jede Rücksicht geht man sich sofort an die Wäsche. Mischen Sie da ruhig voll mit!

Die so entwertend praktizierte Umschlingung hat ihren Ursprung in der *Akkolade*, der Umarmung bei der Aufnahme in einen Ritterorden - hier der der Spesenritter. Auch der Kuß, einst das reine Symbol innigster menschlicher Zuneigung in Liebe und Freundschaft, leidet unter emotionaler Inflation. Er ist zum

Judaskuß verkommen. Wie Judas einst Jesus abknutschte und damit den römischen Schergen dessen Identität preisgab, so knutscht heute jeder jeden, um ihn an wen immer zu verraten oder ihn sonstwie über seine Absichten hinters Licht zu führen. Zwar starb ein anderer Lügengruß, der sozialistische Bruderkuß, glücklicherweise mit der Sowjetunion aus, aber anderswo verbreitet sich eine neue **Kuß-Pest** rasant und ungebremst - und mit ihr übrigens auch die Erkältungskrankheiten! Lesen Sie die folgenden Zeilen über die besonders im Mediengeschäft verbreitete Unsitte, unter wildfremden Leuten den freundlich-distanzierten Händedruck, bei Knigge schon eine Intimität, durch wild-emotionale Verräterkuß-Aktionen abzulösen:

Die Situation

Es treffen die folgenden Menschen auf dem Flughafen in der VIP-Lounge zusammen:

Herbert Hase, 54, Redakteur beim DDF („Drittes Deutsches Fernsehen")
(„Mein Name ist Hase, ich weiß von nichts, aber meine Pfote ist für alles offen!")

Gesina Zocker, 38, Produzentin („Lambda-Film")
(„Was erwarten wir Produzentinnen denn schon vom Leben? Ein bißchen Glück, etwas menschliche Wärme und unsere 14% Gewinnspanne!")

Dieter Halbseid-Kriecher, 49, Drehbuchautor
(„Natürlich arbeitete ich die 15. Version des Drehbuchs gern noch einmal um! Ihre großartige Kritik bringt mich schließlich immer weiter, Herr Redakteur!")

Ulf Protzel, 44, Schauspieler und Hauptrollenaspirant
(„Ich wachse mit Ihren Erwartungen! Erwarten Sie ruhig alles von mir, Frau Produzentin!")

Desireé Schneenase, 23, Hauptrollenaspirantin
(„Hihihi!")

Was mag diese zwar im gleichen Geschäftsbereich tätigen, aber sich z.T. mäßig bekannten, z.T. völlig fremden Menschen bewegen, sich bei ihrem ersten Treffen augenblicklich in die Arme zu fallen und sich mit Küssen zu überhäufen?

Hier die einzelnen Knutschszenen unter dem Antiknigge-Mikroskop. Vordergründig denken alle beim Knutschen dasselbe: Knutschen ist *in*, das macht man jetzt so. Im Detail laufen folgende zerebralen Kurzschlüsse im jeweiligen Hirn ab:

Redakteur knutscht Produzentin und umgekehrt,
er krault ihr dabei wild den verlängerten Rücken:
Redakteur denkt: „Verdammt, die Alte sieht schrecklich aus, aber wenn Sie schnallt, daß ich das bemerke, wächst wieder keine Zusatz-Asche rüber! Oder sie schwärzt mich beim Programmdirektor an, und wie man weiß, pennt sie mit dessen Bruder. Verbindungen zu Theo Zirch soll sie ja auch haben..."
Produzentin: „Warum muß dieser widerliche Saftsack so nach Knoblauch stinken, und was sucht er mit seiner Hand in meinem Rückenausschnitt? Schwarzgeld? Aber wenn ich ihn nicht gewähren lasse, streicht der mir glatt 13 Folgen! Und Verbindungen zu Theo Zirch soll er ja auch haben. Da muß ich durch! Augen zu und - ZUNGENKUSS!"

Redakteur knutscht Schauspielerin und umgekehrt,
er hat seine Hand gottweißnichtwo, sie krault ihm die Schenkel:
Redakteur: „Ich muß so tun, als ob ich sie noch liebe, das blöde Stück! Sonst verpfeift sie mich wegen der Nummer in der Requisite an meine Alte, und ich hab' den größten Zoff! Scheiße, spielen kann sie ja nicht die Bohne! Die Schimpansin Chita wäre die bessere Besetzung, aber die Hauptrolle ist ihr sicher!"
Schauspielerin: „Warum müssen diese widerlichen Redaktionsärsche bloß immer Knoblauch fressen? Aber ich muß noch so tun, als ob ich die Rolle noch nicht sicher hätte, sonst kriegt die Produzententorte spitz, daß ich mit ihm gepennt habe und schmeißt mich raus! Weiß doch jeder, daß die mit dem Redakteur vögelt. Obwohl alle Produzentinnen lesbisch sein sollen..."

Redakteur knutscht Schauspieler und umgekehrt,
sie klopfen sich männlich auf die Schultern:
Redakteur: „Igitt, dieser schwule Vogel! Aber man weiß ja, daß er auch mit der Produzentin pennt, und die hat ja diesen heißen Draht zum Bruder des Programmdirektors und zu Theo Zirch. Die Rolle hat der sicher!"
Schauspieler: „Warum müssen diese Redaktionsärsche immer

soviel Knoblauch fressen? Aber ich muß so tun, als ob ich ihn affengeil finde, sonst riecht die Produzentenhexe, daß ich nicht mit ihm gepennt habe, und ich steh' ohne Protektion im Regen!"

Redakteur knutscht Drehbuchautor und umgekehrt,
der Drehbuchautor bohrt dem Redakteur die Zunge ins Ohr:
Redakteur: „Diese verdammte schwule Mafia! Am liebsten würde ich ihm in den Arsch treten und die Bücher selber schreiben, aber der Kerl bumst ja mit dem Hauptdarsteller, der wiederum was mit der Produzentin hat und die treibt es mit dem Bruder vom Programmdirektor und der hat seit der Schwarzgeldsache in Tunesien und der Kiste mit dem BMW 850 auf Produktionskosten sowieso ein Auge auf mich..."
Drehbuchautor: „Diese verdammte schwule Mafia! Jeder bumst hier jeden! Der Redakteur mit dem Hauptdarsteller, der wiederum was mit dem Bruder vom Programmdirektor haben soll und der hat seit der Schwarzgeldsache in Mexiko ein Auge auf mich... Am liebsten würde ich ja..., aber dann schreibt irgend so ein schwuler Wichsgriffel die Bücher, und ich guck' in die Röhre!"

Drehbuchautor knutscht Schauspielerin und umgekehrt,
er fummelt ihr am üppigen Busen herum.
Drebuchautor: „Geiles Huhn, völlig unbegabt, aber schwer Holz vor der Hütte! Und dumm bumst gut! Hoffentlich haben die nicht schon die ganzen schwulen Säcke gerammelt! Sollen ja alle bi sein, die Schwulen beim Fernsehen! Werd' die Mutter nachher mal zu 'ner Rollenbesprechung einladen!"
Schauspielerin: „Uäh, kann der seine Griffel nicht bei sich lassen? Aber Pustekuchen, ich muß ihn ja ranlassen, sonst streicht der mir die Rolle zusammen! Das kann mich die Karriere kosten... Wetten, er kommt gleich mit 'ner Rollenbesprechung? Augen zu und durch! Hoffentlich ist er nicht zu pervers! Sollen ja alle Masochisten sein, die Drehbuchautoren! Wenn er die Domina-Nummer will, muß er mir noch 'ne Hochzeitsszene einbauen!"

Drehbuchautor knutscht Produzentin und umgekehrt, er fummelt ihr an der verlängerten Taille herum.
Drehbuchautor: „Bääh, grauenvolle Alte! Sieht aber so aus, als müßte ich ihr heute Nacht den Hengst machen! Die schwulen Ärsche kriegen ja keinen hoch bei dem Geschoß, und nix ist schlimmer als 'ne unbefriedigte Produzentin. Wenn ich's nicht mache, sucht sie sich 'nen andern Hengst! Hoffentlich ersticke ich nicht unter den Titten! Was muß man nicht für schwere Opfer bringen für seine Kunst!"
Produzentin: „Nimm die Finger weg, Schreiberling! Du glaubst wohl, ich wäre scharf auf dich, was? Irrtum, nicht die Spur! Aber ich glaube, du hast was von der Schwarzgeldsache in Kanada mitgekriegt, und wenn du was verpfeifst, dann ist der Redakteur sauer, weil ich dem den Anteil gedrückt habe... Ich muß ihn heute abend zum Schweigen bringen, mit massiven Mitteln..."

Drehbuchautor knutscht Hauptdarsteller und umgekehrt, der Drehbuchautor bohrt dem Mimen die Zunge ins Ohr.
Drehbuchautor: „Verdammt, ich fang' mir noch AIDS bei dem Geschäft! Ich weiß zwar nicht genau, was er von mir weiß, aber sicherheitshalber tu' ich mal so, als fände ich ihn geil... Sollen ja alle pädophile Sadisten sein, diese Schauspieler..."
Hauptdarsteller: „Verdammt, ich fang' mir noch AIDS bei dem Geschäft! Ich weiß zwar nicht genau, was er von mir weiß, aber sicherheitshalber tu ich mal so, als fände ich ihn geil... Sollen ja alle voyeuristisch veranlagte Masochisten sein, diese Drehbuchautoren..."

Sparen wir uns die übrigen Konstellationen? Nein, Sie wollen mehr? Allen Ernstes? Also gut, aber dann im Telegrammstil. Wen hatten wir denn noch nicht?

Schauspielerin knutscht Produzentin und umgekehrt, Schauspielerin knabbert Produzentin fast das Ohrläppchen ab.
Schauspielerin : „Bah, ekelhafte alte Fettel! Alle lesbisch, die

Produzentenweiber! Glaubt, daß ich mit dem Redakteur gepennt habe. Scheißleben, alle wollen einen bumsen! Wenn ich erst oben bin wie die Monroe..."
Produzentin: „Doofes Blondchen, läßt sie sich von jedem betatschen. Auch der Redakteur pennt mit ihr... Völlig frigide Exhibitionistinnen, diese Weiber vor der Kamera..."

Schauspielerin knutscht Hauptdarsteller und umgekehrt, er hält sich sehr zurück.
Schauspielerin: „Keine Finger im Ausschnitt? Der ist impotent! Oder schwul! Der macht 'nen Schwulendrama aus der Serie!"
Hauptdarsteller: „Endlich mal 'ne geile Tussie und man darf nicht! Die schwulen Penner nur ihresgleichen dulden."

Schauspieler knutscht Produzentin und umgekehrt, er gibt sich leidenschaftlich wild, sie betont zurückhaltend.
Schauspieler: „Holz vor der Hütte hat sie ja! Ob ich die... wenn schon nicht das doofe Blondchen...? Alles verkappte Dominas, diese Produzentinnen!"
Produzentin: „Eigentlich ganz nett, der Typ, scheint auf mich zu stehen. Aber wer weiß, was ich im Bett wieder alles daherrede! Und nachher nimmt er sich wieder die übelsten Dinger heraus! Rückwirkende Gagenerhöhung für alle Schauspieler und Statisten und so! Nixda! Außerdem sollen sie ja alle nur ganz kleine Dinger haben, diese Schauspieler..."

Erbaulich, nicht? Die besten Voraussetzungen für eine gedeihliche Zusammenarbeit! Chaotisch, meinen Sie? Dann warten Sie mal ab, bis der Regisseur dazukommt! Ach, da ist er ja schon, seine Maschine hatte Verspätung. Er kommt von einer Knutschverabschiedung in New York, bringt neueste Grippeviren mit - und ist tatsächlich vom anderen Ufer.

> Es ist oft eine höchst wundersame Sache um den Ton, der in Gesellschaften herrscht.. Vorurteil, Eitelkeit, Schlendrian, Autorität, Nachahmungssucht und wer weiß, was sonst noch stimmen diesen Ton so, daß zuweilen Menschen, die an einem Orte zusammenleben, jahraus, jahrein, sich auf eine Weise versammeln, unterhalten, Dinge miteinander treiben und über Gegenstände reden, die allen zusammen und jedem einzelnen unendliche Langeweile machen.
>
> Adolph von Knigge

Alle reden Schwachsinn, aber niemand hört zu - Konversation

Ebenso hellsicht wie umständlich ausgedrückt, Adolph! Ja, es ist in der Tat herrlich, wenn Menschen einander verstehen! Miteinander Worte, diese schwerelosen Boten der Gefühle und Seelenregungen, austauschen und sich dabei innig und voller Verstehen tief in die Augen sehen...

Das war einmal. Wann, vermögen wir auch nicht zu sagen, doch es muß lange vor Knigges Zeit gewesen sein. Unterhaltungen unserer Tage fallen immer in der Art aus, wie Knigge es beschreibt. Jagen wir im Sturzflug durch einige Gespräche und lauschen wir dabei mit weit offenen Ohren:

A. Bürotratsch

Büro - drei Kommunikanden, Frau Knollenkötter, Herr Waschlappski, Herr Doppelkorner:

Frau Knollenkötter: „...und da nimmt der Enrico doch tatsächlich die affenheiße Lockenschere und..."

Herr Waschlappski: „Bei affenheiß, da fällt mir ein: meine Schwägerin..."

Herr Doppelkorner: „Was mein Schwager ist, der hat einen Weinbrand im Schrank, ein Tröpfchen (hicks!), sage ich Ihnen..."

Frau Knollenkötter: „Genau! Ein Tröpfchen genügt, sagt der Enrico zur Desireé Kalaschnikowski, ein Tröpfchen, und du sein blond wie Madonna..."

Herr Waschlappski: „Eben! Eben! Meine Schwägerin, die ist auch blond - sogar überall..."

Herr Doppelkorner: „Wo sie recht haben, da haben Sie recht! Es geht eben nix über ein kühles Blondes!"

B. Stammtisch-Talkshow

Kneipe - Stammtisch, vier Kommunikanden, Herr Schlapp, Herr Deppermann, Herr Doing und Frau Aspelmoser

Herr Schlapp: „Willi, sag' ich zu ihm, Willi, mit dem Spoiler kommst du niemals durch den TÜV! Nie!"

Herr Deppermann: „Ach, Scheiße! Hör doch auf! Du immer mit deinem Autoscheiß!"

Frau Aspelmoser: „Genau! Laß uns doch mal über was Vernünftiges reden - die Emanzipation der Frau zum Beispiel!"

Herr Doing: „Emanzipation! Emanzipation! Is' doch alles Unsinn! Brieftauben, sag' ich, Brieftauben! Mein Blauscheck hat letzte Woche auf dem Sauerlandrundflug...!"

Herr Deppermann: „Ach, Scheiße, hör doch auf! Du immer mit deinen Mistkratzern! Alles scheißen sie voll!"

Frau Aspelmoser: „Genau! Das ist kein Thema für uns Frauen!"

Herr Deppermann: „Ach, Scheiße, hör doch auf! Du immer mit deinen Scheiß-Frauen!"

Herr Schlapp: „Frauen? Die dürften überhaupt keinen Führerschein kriegen! Frauen am Steuer? Nie!"

Herr Doing: „Frauen, Führerschein! Unwichtig! Brieftauben! Brieftauben! Mein Turteltaubenpaar hat letzte Woche ein Gelege ausgebrütet...!"

Der Wirt: „Trinken die Herrschaften noch was?"

Herr Deppermann: „Trinken? Klar, hau weg den Scheiß! Ich nehm' einen von deinem Scheiß-Wacholder!"

Herr Doing: „'N Korn! Auch 'n blinde Taube findet mal 'nen Korn! Hähähähä!"

Frau Aspelmoser: „Genau! Noch 'n Cognac für uns Frauen!"

Der Wirt: „Na, denn Prost!"

Das hier verwendete Verfahren heißt *divergente Kommunikation* oder in deutsch: Jeder redet an jedem vorbei. Ein weiteres Beispiel aus der Welt der Karriere...

C. Arbeitsessen

Drei-Sterne-Restaurant - zwei Kommunikanden, Herr Goldstein und Herr Zinseler

Goldstein: „Du, Walter, ich glaub', lange halte ich den Streß nicht mehr aus... Ich bring' mich um!"

Zinseler: „Ich weiß nicht, ob das die richtige Karrierestrategie ist... Wenn man ganz nach oben will, muß man sich jeden seiner Schritte genau überlegen... Was meinst du? Soll ich mich für den Manageraufbaukurs einschreiben?"

Goldstein: „Ja, genau so! 'Ne Flasche Whiskey... Dann die Knarre... Einfach durchladen... Peng! Ende!"

Zinseler: „Meinst du! Klar, daß Wittelsmann das als Affront begreift, wenn ich..."

Goldstein: „Und dann ist Ruhe... ein für allemal Ruhe..."

Zinseler: „...er als Dienstälterer... Wie siehst du das?"

Goldstein: „Genau der richtige Weg! Perfekt! So mach´ ich´s!"

Zinseler: „Was? Wieso denn du? Ich! Um mich und meine Karriere geht es hier!"

Goldstein: „Sag´ ich ja! Genau deshalb! Peng und aus!"

Ersparen wir uns weitere Darstellungen divergenter Kommunikation. Überlegen wir lieber, wie wir solcherlei Schwachsinn seelisch schadlos überstehen. Dabei können wir als zwangsläufige Gesprächspartner auf einige hilfreiche Techniken zurückgreifen.

1. Die Technik der bedeutungslosen Entgegnung
Sie funktioniert, wie die nachfolgenden fünf Verfahren auch, weil das Gespräch vielerorts zum Monolog verkommen ist und auf den Inhalt der Entgegnung keine große Aufmerksamkeit verschwendet wird.

Als Ideale bedeutungslose Entgegnungen eignen sich Ausrufe oder aus der Welt des Comic stammende *Onomatopoetika*. Da staunen Sie, was? Dieser sagenhaft intellektuell klingende Begriff wird von uns Experten und Vollintellektuellen für klangnachahmende, auch lautmalende Worte verwendet. Sie können die Dinger aber auch *Sprechblasen-Worte* nennen. Es sind z.B.:

Zack! Boing! Ploing! Peng! Krach!
Ui! Boh! Hua! Hatatata!
Klatschpengbumm!

2. Die Technik der pseudonachdenklichen Wiederholung
Hier vereinfacht Ihnen der Sprechende das Leben sehr. Sie verwenden einfach nach dem Papageienverfahren seine Worte, und da er sich gern reden hört, fühlt er sich sogar noch geschmeichelt, daß Sie seine Ergüsse auf der Zunge zergehen lassen. Eigene geistige Leistung ist nicht gefragt. Bestens!

3. Die Technik des verstehenden Desinteresses
Sie tun so, als ob Ihnen ohnehin klar sei, wohin der Hase läuft - obwohl Sie natürlich keine Ahnung haben. Das perfekte Verfahren für zynisch-satirisch veranlagte Gesprächspartner wider Willen.

4. Die Technik der stereotypen Entgegnung
Hervorragend geeignet, wenn Sie mit einem absoluten Egomanen reden, dem es genügt, wenn irgendwelche Laute seinen Monolog rhythmisch gliedern. Wenn Sie Ihren stereotypen Betrag geschickt wählen, können Sie der Sache womöglich gar eine humoristische Seite abgewinnen. Unfehlbare Stereotype:

> Immer! Sowieso!
> Klar doch!
> Sag' nur! Eben!
> Sag' ich ja!

Für lustige Verwicklungen geeignet:

> Hat meine Frau heut' nacht auch gesagt!
> Meinste wirklich?
> Ich glaub', mich tritt 'n Pferd!
> Ich glaub', mein Hamster bohnert!

5. Die Technik der besorgt-erstaunten Nachfrage

Nichts unterstreicht Sorge und Mitgefühl eines Zuhörenden so sehr wie eine Frage, da Fragen scheinbar Anteilnahme voraussetzen. Die Wirkung verstärkt eine Spur Erstaunen im Klang Ihrer Stimme. Wenden Sie diese Technik an - und Sie werden in Kürze ein gesuchter Gesprächspartner sein! Frageworte für jeden Zweck

> Nee, wirklich? Echt?
> Meinst du wirklich?
> Is' nich' wahr?
> Willst du mich veräppeln?

6. Die Technik des schweigenden Zuhörens

Sollten Sie zur Gattung der maulfaulen, aber schauspielerisch begabten Menschen gehören, können Sie sich sprachliche Äußerungen völlig sparen. Ihr Sprachzentrum schlummert sanft, während Sie Ihren Gesprächspartner mit mimischen Erwiderungen in dem Glauben lassen, Sie hörten ihm zu. Effiziente nonverbale Äußerungen:

> Achselzucken, der treuherzige Augenaufschlag, Hochziehen der Augenbrauen, die Hände über dem Kopf zusammenschlagen, in die Hände klatschen, weitere Gesten mit den Händen usw.

Der Körper agiert, der Geist pennt. Genau wie bei Ihrem Gesprächspartner, der sie vollquasselt.

Eines ist all diesen Technologien der sprachlichen Entgegnung gemein: der von einem gesprächsgeilen Partner gequälte Mensch erfüllt mit einem Minimum an Aufwand die Erwartungen seines Gegenübers. Zur Überprüfung der Funktionsweise dieser fünf Verfahren benutzen wir einen sogenannten *Normgesprächsfetzen*:

A: „...und was glaubst du, was Sabine ihm daraufhin gesagt hat?"

B: „Na, ja, sie wird ihm sicher die Meinung gegeigt haben..."

A: „Werner, du alter Chauvi, hat Sie gesagt, wenn du mir noch einmal mit dieser miesen Macho-Kiste kommst, ist es aus mit uns!"

B: „Und was meint Werner dazu?"

Befreien wir nun B von der quälenden Verpflichtung, dem Gesprächsverlauf zu folgen und spielen wir die oben beschrieben Techniken durch:

1. Die Technik der bedeutungslosen Entgegnung

A: „...und was glaubst du, was Sabine ihm daraufhin gesagt hat?"

B: „Uha..."

A: „Werner, du alter Chauvi, hat Sie gesagt, wenn du mir noch einmal mit dieser miesen Macho-Kiste kommst, ist es aus mit uns!"

B: „Boing!"

Paßt irgendwie, oder? Und behindert A nicht im Gedankenfluß.

2. Die Technik der pseudonachdenklichen Wiederholung

A: „...und was glaubst du, was Sabine ihm daraufhin gesagt hat?"

B: „...was Sabine ihm daraufhin gesagt hat?"

A: „Werner, du alter Chauvi, hat Sie gesagt, wenn du mir noch einmal mit dieser miesen Macho-Kiste kommst, ist es aus mit uns!"

B: „... ist es aus mit uns..."

Klingt nach Anteilnahme, geradezu nach Betroffenheit, nicht?

3. Die Technik des verstehenden Desinteresses

A: „...und was glaubst du, was Sabine ihm daraufhin gesagt hat?"

B: „...ich kann es mir schon vorstellen..."

A: „Werner, du alter Chauvi, hat Sie gesagt, wenn du mir noch einmal mit dieser miesen Macho-Kiste kommst, ist es aus mit uns!"

B: „...was sonst..."

Eins-A-Wirkung: A glaubt, B wisse, einfühlsam wie er ist, schon genau, wie alles kommen wird.

4. Die Technik der stereotypen Entgegnung

A: „...und was glaubst du, was Sabine ihm daraufhin gesagt hat?"

B: „Sowieso..."

A: „Werner, du alter Chauvi, hat Sie gesagt, wenn du mir noch einmal mit dieser miesen Macho-Kiste kommst, ist es aus mit uns!"

B: „Sowieso..."

Auch hier sonniges Verständnis, Einigkeit, Ergriffenheit, Bestürzung bei B - glaubt zumindest A.

5. Die Technik der besorgt-erstaunten Nachfrage

A: „...und was glaubst du, was Sabine ihm daraufhin gesagt hat?"

B: „Na?"

A: „Werner, du alter Chauvi, hat Sie gesagt, wenn du mir noch einmal mit dieser miesen Macho-Kiste kommst, ist es aus mit uns!"

B: „Nee, echt...?"

Anteilnahme kiloweise, stellt A bewegt fest. So soll es sein.

6. Die Technik des schweigenden Zuhörens

A: „....und was glaubst du, was Sabine ihm daraufhin gesagt hat?"

B: „...."(Schulterzucken)

A: „Werner, du alter Chauvi, hat Sie gesagt, wenn du mir noch einmal mit dieser miesen Macho-Kiste kommst, ist es aus mit uns!"

B: „...." (Augenbrauen kräuseln sich)
Kein Wort zuviel - aber dennoch mimt B den vollwertigen Kommunikationspartner. Selbstredend lassen sich die einzelnen Verfahren auch kombinieren. Das allerbeste Verfahren allerdings, sich einer nervenden Quasselstrippe zu erwehren, ist der folgende Satz:

> **„Warum halten Sie eigentlich
> nicht endlich das Maul,
> Sie Knalldepp?"**

> Die Kunst des Umgangs mit Menschen besteht darin,
> sich geltend zu machen,
> ohne andere unerlaubt zurückzudrängen.
>
> Knigge

Killt Knigge!
Die Regeln der Unhöflichkeit in Rat und Tat

Haben wir uns bisher in der Hauptsache auf sprachlichem Terrain bewegt, so erreichen wir nun die weiten Gefilde des tätigen Handelns.

Welche sozialen Wirkungen die Objekte der gegenständlichen Welt auf unsere Mitmenschen haben, ist oft schwer abzuschätzen. Wir wollen Ihnen hier wertvolle Richtlinien an die Hand geben, ohne die Sie sicher in Ihrem künftigen Leben nicht mehr werden auskommen wollen.

Dressed to kill - Outfit

Aus irgendwelchen unerfindlichen Gründen lassen es sich die Leute nicht nehmen, sich zu bestimmten Anlässen in bestimmte Kleider zu zwängen. *Feststaat* hieß diese Unsitte zu früheren Zeiten. Knigges Ansichten zu dieser Frage:

> Kleide dich nicht unter und nicht über Deinem Stand;
> nicht über und nicht unter Dein Vermögen;
> nicht phantastisch, nicht bunt;
> nicht ohne Not prächtig, glänzend noch kostbar;
> aber reinlich, geschmackvoll,
> und wo Du Aufwand machen mußt,
> da sei Dein Aufwand zugleich solide und schön.

Bieder, Adolph, äußerst bieder! Heute *schmeißt man sich in Schale* oder *stylt sich auf*. Das geschieht nicht aus einer simplen Lust an der Verkleidung, denn dann wäre ja mit durchaus unterschiedlichen Ergebnissen dieser Aktion zu rechnen: Niemand wählt zum saftgrünen Gummistiefel die Lurex-Hose und zur Seidenbluse den Friesennerz. Wenn es um einen bestimmten Anlaß geht, zum Beispiel den Gang ins Theater, sehen alle (relativ) gleich aus. In einer Art zwangsneurotischer Massenpsychose werfen sich alle in etwa in dieselben Klamotten. An den Kleidern kleben Bedeutungen (Erfolg!), Rollen (die Dame von Welt!) und Verhaltensmuster (z.B. das Kulturkonsum-Ritual). Einige Beispiele für die furchtbaren Ereignisse, die eintreten, wenn die Kleidung nicht „paßt":

• Niemand weiß, wer der dickste Bonze ist, wenn seine Frau nicht im bodenlangen Abendkleid und wie ein Weihnachtsbaum mit Juwelen behängt durchs Foyer schiebt.

• Wagner-Opern erreichen nur noch ihre halbe kulturelle Durchschlagskraft, wenn man sie hört, wie man gerade ist - in Alltagsklamotten.

• Die Hochzeit, Höhepunkt weiblicher Existenz, gerät zum Verwaltungsakt, wenn die textilen Fummel nicht stimmen.

Umgekehrt gelten haarsträubend genaue Regeln für das „unangepaßte" Verhalten in Sachen Kleidung:

• Auf der Vernissage: Wer ist der Künstler? Der mit dem orangegrünen Lurexschal. Oder der am unpassendsten gekleidete Mann. Wer sich anders als erwartet kleidet, muß ungemein kreativ sein.

• Beim öffentlich-rechtlichen Rundfunk: Wer ist der Redakteur? Der Typ, der den Pennern aus der B-Ebene am ähnlichsten sieht.

- Wer wagt es, zur Jahrestagung der Verkaufsstrategen in Knickerbockern und Hawaihemd zu erscheinen? Der Konzernchef. Das Unangepaßte als Insigium der Macht.

Merkwürdigerweise werden diese Techniken des Auffallens durch „falsche" Kleidung fast nur von Männern angewandt. Ausnahmen im Lager der Frauen: Pubertierende Gymnasiastinnen und die Damen der Kunst.

Mode: Der letzte Trend

Man wird, wie oben beschrieben, scheel angesehen und für den letzten Kretin gehalten, wenn man die falschen Kleidungsstücke zu einem bestimmten Anlaß wählt. Ausnahme: die Mode.

Jahr für Jahr erwartet die Welt der Damen (und etliche aus der Art geschlagene Herren) fiebrig erregt neue Sensationen von den Modeschöpfern der Welt. Je ausgefallener und schriller die textilen Objekte anzusehen sind, um so größer die Begeisterung des Publikums. Der letzte Kartoffelsack wird zur eleganten Robe, das widerwärtigste Nervenschock-Muster zum Trend, wenn *Armani* oder *Lagerfeld* im Etikett prangt. Was *tragbar* ist, also auch in einer alltäglichen Situation als Bekleidung geeignet sein könnte, kann keine Mode sein. Was da an spindeldürren Humanoiden der Gattung *Besenstiel* über die Laufstege schwankt, verursacht dem geistig wachen Menschen Lachkrämpfe und reizt ihn zu Ausrufen wie „Ich werd´ nicht wieder!", „Ich will nicht mehr leben!" oder gar „Ach du dicke Scheiße!" Über die astronomischen Preise der Modelle regt er sich nicht auf. Perversion hat ihren Preis, und Strafe muß schließlich sein!
Sollten Sie, unerwartet und dementsprechend überrascht, mit Mode konfrontiert werden - machen Sie aus ihrem Herzen keine Mördergrube. Sprechen Sie ruhig aus, was Ihnen spontan einfällt. Sätze wie die folgenden verfehlen als spontane Reaktion auf modische Unsagbarkeiten ihre Wirkung nicht:

„Aber sonst hast du keine Sorgen?"

„In dem Fummel würd' ich nicht mal meine Gläubiger beerdigen!"

„Macht es Ihnen etwas aus, wenn ich mich mal kurz übergebe?"

Haare 1: Wo lassen Sie verwüsten?
Es ist unterdessen nicht mehr Privileg der weiblichen Hälfte der Menschheit, sich das Haupthaar verwüsten zu lassen. Auch die männlichen Exemplare der Gattung *homo sapiens* tendieren immer mehr dazu, einen Coiffeur zu konsultieren. Dabei unterliegen beide Geschlechter zweierlei Trends:

1. Es muß um jeden Preis eine Trendfrisur sein!

2. Es muß nachher irgendwie ganz anders aussehen als vorher!

Die Folgen:
- Gesichter, die nur noch als „Vollmond im Strahlenkranz" oder „Mäuschen guckt aus dem Urwalddickicht" durchgehen.
- Kahlgeschorene Nacken, Schläfen und Schädeldecken im Nazi-Look
- mit Zöpfchen und lustigen Strähnen durchwirkte Wuschelgebilde. Grundtendenz: Ihr Lama sollte mal wieder geschoren werden.
- Schizo-Frisuren, Ausdruck gespaltener Persönlichkeit – vorne lang, hinten kurz oder rechts grüner Igel und kurz, links rote Lola schulterlang
- Frisuren mit eingeflochtenen Accessoires – die betreffende Dame sieht so aus, als hätte sie ihren Haarschopf zunächst in einen Eimer Sekundenkleber und im nächsten Augenblick in die Kleinteile-Schublade ihres Schreibtisches gesteckt. Wenn der Kleber erst mal hart ist, geht nichts mehr.

Sie werden verstehen, daß Sie bei solchen Tendenzen der Mode nicht völlig abseits stehen können. Geben Sie Ihren alten Friseur auf, der nichts anderes konnte als Haare schneiden! Suchen Sie sich einen kreativen Coiffeur, der aus den paar dummen Keratinsträngen auf Ihrem Schädel etwas macht. Was, ist ohnehin gleichgültig..

Haare 2: Die Urkraft des Bartwuchses

Das männliche Ich ist schwach - ohne Hilfsmittel sogar impotent. Ohne Titel und Ämter, ohne Muskeln, Mammon und automobile Unterstützung vegetiert es unsicher und ängstlich als Wesen zwischen harter Realität und weicher Mutterbrust vor sich hin. Frauen könnte so etwas nicht passieren. Um ihr schwaches Ego aufzupäppeln sind Männer zu vielem bereit. Sie machen Karriere, builden ihren Body, werden reich, kaufen 12-Zylinder-Geschosse, tragen Brusthaartoupets - und lassen sich Bärte wachsen. Erst mit Bart wird der Knabe zum Mann. Dabei hat er die Auswahl zwischen einigen Bart- und Männertypen, deren gesellschaftliches Ansehen sich deutlich unterscheidet:

Die Seemannkrause Typ „Matthiesen"

umkräuselt das Kinn des aufzuwertenden Mannes derart bescheuert regelmäßig, daß man die Mundöffnung für die Kloake einer artgerecht behaarten Seegurke der Gattung *tzazikia perforanda* hält. Insgesamt wirkt der Kopf so attraktiv wie eine gut frisierte Klobürste.

Gesellschaftlicher Stellenwert: in der SPD haushoch, sonst eher fragwürdig; erotisch ein voller Flop. Dieser Barttyp geht bruchlos über in den

Männerbart Typ „Hemingway"

Wenn er etwas Weibliches liebt, dann seine Schreibmaschine. Mit so einem Bart *muß* man einfach Schriftsteller sein! Gesellschaftlicher Stellenwert: in literarischen Zirkeln ungebrochen, sonst nur noch unter Computerexperten und anderen Spätentwicklern in Sachen Outfit.

Der Vollbart Typ „Iwan Reblaus"
Dieser Bart ist voll, aber gepflegt. Nichts schießt ins Kraut, nichts wuchert kreuz und quer. Das Don-Kosaken-Syndrom bekam er gratis hinzu: Seit er das Gewächs im Gesicht trägt, ist seine Stimme um Oktaven in den Keller gesackt. Sein Bauch stört ihn nicht mehr. Der gehört ebenso zu einem gestandenen Mann wie der Bierschaum im Bart und die Hand unterm Rock der Kellnerin.
Gesellschaftlicher Stellenwert: in gewissen Kreisen hoch, weil als Potenzsymbol bewertet; in Managerkreisen unmöglich, weil in allen Psychokursen gelehrt wird, daß nur ein bartloses ein offenes Gesicht ist.

Der Super-Vollbart Typ „Holger"
Hier wuchert es naturbelassen, wild und ungestutzt, reine Natur sozusagen. Dahinter steckt immer ein bärbeißiger und zugleich *softer* Typ, der für den Umweltschutz und seine Ökogruppe alles tut. An seiner breiten Brust heulen sich frustrierte Emanzen aus, die von widerlichen, meist gut rasierten  Chauvies schamlos mißbraucht und unterdrückt wurden. Ob er vielleicht ein mieser Abstauber ist? Holger doch nicht!

Gesellschaftlicher Stellenwert: in Ökokreisen windgeneratormäßig hoch; in Künstlerkreisen: out wie Leo Lukoschik; sonst: igitt! So was hat man nicht im Gesicht! Wie kann man(n) bloß so unrasiert herumlaufen?

Der Zwirbelbart Typ „Hobbythek"

Hei, was für ein gewitztes Bürschchen mit blinkenden Äuglein sich hinter diesem Bart verbirgt! Eigenwillig, kreativ, gepflegt und eine nette Nervensäge zugleich! Immer hat er einen neuen Basteltip auf Lager! Nachts schläft er mit der Bartbinde, die er auch beim Sex nicht ablegt - es könnte sonst seinem wichtigsten Teil etwas zustoßen. Ein bißchen kuk-Monarchie schwingt auch noch mit. Dufte, das riecht nach Tradition! Klar, daß er in seiner Freizeit englische Sportwagen restauriert und als Hobbykoch seine Freunde mit absolut sensationellen Creationen beglückt. Nur zum Abwaschen hat er leider keine Zeit: Bartpflege!

Gesellschaftlicher Stellenwert: hoch bei Leuten, die sich das Kühlmittel für ihr Auto selbst zusammenbasteln oder gar ihre Streichhölzer selbst schnitzen; sonst: Gähn!

Der Backenbart Typ "Neue Avantgarde"

Nichts ist so *out*, daß es nicht schon wieder *in* ist. Gestern noch mit Attributen wie *asi* und *hyperprolo* belegt, wuchern sie heute wieder an des jungen Künstlers Wange und gelten, man höre und staune, als originell - die Koteletten. So etwas trug Opa, als er 1958 im *James-Dean-Club* auf der Kirmes die Klappe zu weit aufriß und was davorbekam - mit der Fahrradkette. Und mit freundlichen Grüßen von den *Hells Angels*.

Gesellschaftlicher Stellenwert: noch fragwürdig, aber bald ein Muß in Kunst und Kulturkreisen!

Kriegsbemalung: Make-up als Nervenschock-Auslöser

Was den Männern der Bart, ist den Frauen ihre Maske, vorgeblich Schönheitszwecken dienend. Erst hinter zwei Millimeter starker Tönungs-Creme fühlt sich sicher, wer seinem eigenen Gesicht nichts zutraut. Zugekleistert wie Nofretete im Sarkophag oder Alexis bei der Geschäftsbesprechung werden Frauen und ihr Ego unverwundbar. Mag kommen, was will - Erdbeben, Atomkrieg oder Ehekrise - nichts durchdringt den carotinfarbenen Harnisch, nichts wischt das Rouge der ewig-synthetischen Jugend von den Wangen, nie hört das vielsagende (nichtssagende?) Klimpern der spinnenbeinigen Augenlider aus Polyäthylen auf. Zielgerichtet eingesetzt, ermöglicht ein gutes (= massives) Make-up der Dame von Welt ein *pokerface*, das dem von Humphrey Bogart in nichts nachsteht. Ideal für den täglichen Kampf ums Dasein in Beruf und Karriere. Puder schützt vor Umweltgiften ebensogut wie vor allzu vielsagender Farbmimik: Weder das Grün (des Neids) noch das Rot (der Verlegenheit oder Erregung) sind noch erkennbar. Mit Feuchtigkeitscreme verschwinden die Folgen allzu männlich-trockener Argumentationen im Nu.

Auch in der Liebe herrscht Krieg: Das volle Waffenarsenal der Kosmetik wird auf den einen, begehrten Mann abgefeuert, der, vom Alizarinrot des Lippenstifts bis zur Blindheit geblendet, hilflos im Himmelblau des Lidschattens zusammenbricht. Auch kosmetisches Sperrfeuer auf komplette männliche Stadtbevölkerungen ist beliebt und zeigt Wirkung: Völlig irritiert und in Grund und Boden genervt, retten sich immer mehr Männer ans andere Ufer.

Duftmarken & Gaskrieg: After Shaves & Parfums

Unterstützt wird die Wirkung obiger Präparate durch weitere Kampfstoffe, die der Abteilung Gaskrieg zuzurechnen sind: Parfüms, Duftwässerchen, Eau de Toilettes und ähnliche Essenzen. Allerdings machen auch Männer zunehmend von dieser Art des persönlichen *trading up* Gebrauch. Nur noch Zombies, Asis und Untermenschen riechen nach Mensch. Die Dame von Welt übertüncht ihr eigenes Odeur mit schweren Geschützen wie „Loulou", „Opium" oder „Poison". Nomen est omen! Die Absichten stecken im Namen: Verführung, sexuelle Abhängigkeit, Sucht oder gar Vergiftung. Ähnlich die Herren: Ein Wässerchen namens „Egoïst" war der Renner der Saison. Andere Produkte klingen markig-männlich wie „Azzaro", „Boss" oder „Carrera". Wer schon im wahren Leben nicht der Boss sein darf, der kippt sich eben das Wässerchen von Hugo Boss auf die Birne. Heute etwas mehr, ich habe Führungsaufgaben zu erledigen. Wenn es schon nicht zum 911 Carrera reicht, verpassen wir uns wenigstens den gleichlautenden Duft, sozusagen als liquiden Bolidenersatz. Der Name sagt alles, wie's riecht, ist gleichgültig. Duftrichtungen von „Edelmarder in der Brunst" über „Fußballmannschaft im Umkleideraum" und „südmarokkanisches Freudenhaus kurz vor dem Gewitter" bis „flüssige Zuckerwatte" werden hemmungslos benutzt. Manchmal literweise. Alles, was stinkt, geht. Mit Ausnahme von „Pitralon", „Irish Moos" und „T2". Die sind out, weil viel zu billig. Was nichts kostet, kann auch nichts sein. Das ideale Duftwasser: Eine Lösung von 1000-DM-Scheinen in Alkohol mit Namen „Krösus". Schon ein Tropfen verströmte den Geruch des Erfolges - leider jedoch ist Geld in Alkohol unlöslich. Was nicht heißt, daß man nicht viel Geld für 96% Alkohol + 4% „Geruch" ausgeben kann. Richten Sie sich danach.

Ihr gönnt mir ja sonst nichts: Schmuck!
Wer hat, der hat. Und zeigt auch, was er hat. Nicht nur körperliche Vorzüge gilt es ins rechte Licht zu rücken, sondern auch finanzielle. Was hat der Mensch von endlos vielen Ziffern vor dem Komma auf seinem Konto, wenn's niemand weiß? Von dieser Überlegung leben Juweliere, und das nicht schlecht.
Wobei es vor ein paar Jahren so aussah, als ob dieser Berufszweig in eine Krise käme, denn es gab einfach zuviel Geld und zu

wenig Raum am menschlichen Körper, um genügend Silber oder Gold unterzubringen. Die Rettung brachte Platin. Härter und weitaus teurer als Gold, komprimiert es sozusagen Wohlstand auf engstem Raum...

Die Hand als Wohlstands-Display

An einer durchschnittlichen Hand mit durchschnittlich vier Fingern und einem Daumen lassen sich gut und gerne DM 10.000 in Platin unterbringen, unter Zuhilfenahme von Brillanten sogar mehr als das Doppelte. Selbst etwa DM 120.000.- und mehr an zehn Fingern wurden bereits beobachtet. Das Problem der Schwere des Materials tritt nur selten auf, trainiert doch das tägliche Stemmen von Platinschmuck, zum Beispiel beim Kreditkarten-Zücken, die Oberarmmuskeln ungemein. Im Notfall läßt es sich mit einfachen und relativ preiswerten Hydraulikhilfen lösen.

Der Ehepartner als Edelmetall-Christbaum

Wächst Ihr Wohlstand und Ihr Bedürfnis, ihn nach außen hin zu dokumentieren, bietet sich der Ehepartner als Präsentationsfläche an. Besonders Frauen erreichen locker den Aufrüstungsgrad eines Christbaums unter vollem Gehänge, wobei beim Gehen auch ganz ähnliche Geräusch-Emmisionen beobachtet werden. Ein *bodyguard* schützt die Dame Ihres Herzens vor unautorisierten Abpflückversuchen. Die Männerwelt steht den Damen nur geringfühig nach, reicht doch das Repertoire der Schmuckindustrie derzeit bereits von der Massivgold-Rolex über die Krawattennadel und den Geldschein-Clip bis zum säurefesten Sockenhalter in Platin-Iridium.

Sag mir, was du fährst... - Autos

Halten unbedarfte Zeitgenossen das Auto immer noch für ein Fortbewegungsmittel, so ist dies in doppelter Hinsicht falsch.
a) Niemand bewegt sich noch mit dem Auto fort. Alle Autos stehen in ein und demselben Stau.
b) Wie der Body zur Lady, gehört das Auto zum Mann - man geht nicht ohne Wagen. Und weit mehr noch als Kleidung oder kosmetische Duftmarke prägt das Fahrzeug das Image. Warum sonst würden so viele unserer Mitmenschen die ja an sich lästige Blechkiste mitschleppen?

Im einzelnen auf die überaus komplexen Bedeutungszusammenhänge einzugehen, würde zu weit führen. Wer sich vertiefend fortbilden möchte, dem sei die informative Autoreihe dieses Verlages empfohlen. Hier nur:

Zehn Automobile Grundregeln:
1. Ein richtiges Auto kommt aus Stuttgart oder
2. ...trägt ein „BMW" auf dem Kühler oder
3. ...ist ein italienischer Exot, also kein FIAT oder
4. ...stammt nicht aus Frankreich oder Japan oder
5. ...ist ein Sportwagen oder ein Geländewagen oder
6. ...ist sonstwie absolut unpraktisch oder
7. ...ein englischer Roadster kurz vor dem Rostkollaps
8. ...oder astronomisch teuer und völlig veraltet oder
9. ...hat Allradantrieb und/oder
10. ...hat massenhaft PS oder kW unter der Haube.

Wenn Sie diese einfachen Kriterien beherzigen, liegen Sie stets völlig richtig. Sie werden es bald an den Reaktionen Ihrer Nachbarn spüren, die von Grußverweigerung über Pflanzenschutzattacken bis hin zur offenen Feindschaft reichen werden und nur eines symbolisieren: Neid! Ekelhaften grünen Neid!

Let's Misbehave! Schlechte Manieren als Waffe

Hatten wir es bisher eher mit passiv-subversiven Anweisungen zu tun, um im Dschungel der Manieren zu überleben, so beginnen wir nun mit einer erfolgversprechenden Ausdehnung des Verhaltensrahmens - bis hin zum Bruch aller Konventionen. Die Grundüberlegung ist einfach: Wer die Spielregeln einhält, kann zwar recht gut mitspielen. Doch nur wer schummelt, gewinnt...

Gleich in die Vollen - Die Anrede, Ihre Visitenkarte
Wie wir später im Kapitel „Der Elefant im Porzellanladen - Feste & Feiern" im Zusammenhang mit der Vorstellung noch sehen

werden und im Kapitel über das Grüßen bereits gesehen haben, ist der erste initiale Moment menschlicher Zusammenkunft äußerst problembeladen. Was Sie sagen und tun, wird Ihr Image bei Ihrem Gegenüber für Ihr künftiges Leben prägen.

Deshalb gilt hier für **Männer**:
• Gegenüber anderen Männern: nur nicht zu höflich! Das wirkt servil. Ein „Hey, altes Haus!" kommt lockerer rüber als „Guten Abend, Herr Professor Dinkelstedt! Wie geht's der Gattin?"
• Gegenüber sexuell attraktiven Damen wendet der Kenner den Handkuß an. Die ach so emanzipierten Ladies finden diese romantische alte Sitte (Schleck, schleck!) einfach rührend und sind nachher um so einfacher abzuschleppen.
• Gegenüber finanziell anziehenden Damen: nur nicht zu aufdringlich! Die Sache läuft schon von selbst! Geld hat die gnädige Frau ja, doch es fehlt ihr sicher anderswo...
• In keiner Hinsicht verlockende alte Schachteln, Schleiereulen und Drahtbesen lieben Ihre sarkastisch-ironische Art: „Na, Elfriede? Das letzte Lifting ist dir aber glänzend bekommen! Jetzt siehst du wieder aus wie Miss Piggy!"

Für die **weibliche Fraktion** gelten folgende Regeln:
• Gegenüber Frauen, die in erotischer Konkurrenz stehen: nur nicht zu unhöflich! Je mehr Ihr Lächeln an schlechte Seifenopern erinnert, desto unauffälliger können Sie der miesen Rivalin mit der eigens angebrachten Stahlkappe Ihrer Pumps vors Schienbein treten.
• Gegenüber Damen, die bereits jenseits aller weltlichen Gelüste sind: immer freundlich, immer heiter! Vielleicht ist ja eine der reichen alten Tanten so debil, daß Sie eines Morgens als Universalerbin aufwachen.
• Gegenüber sexuell und zugleich finanziell anziehenden Herren: nur nicht zu zuvorkommend! Nichts macht derartige Männer langfristig spitzer als kühle Ablehnung! Wer abblitzt, muß sich was beweisen! Nämlich, daß er alles kaufen kann.

- Gegenüber Familienvätern und Opas mit Enkeln: völlig uninteressante Typen, es sei denn, sie haben ein Defizit an väterlicher Wärme. Sonst: einfach ignorieren.
- Typen, die Sie mit „Fräulein" ansprechen, antworten Sie am besten mit „Vielen Dank, Herrchen!"

Die Kunst zu provozieren - der Affront
Sofort die Oberhand bei einer Kontaktaufnahme gewinnen Sie, wenn Sie direkt in die Offensive gehen. Dazu wendet der Kenner gern einen kleinen, aber wirkungsvollen Affront an. Er begrüßt den Gastgeber und spielt den Verwirrten. Besonders im Hause des Botschafters der Vereinigten Staaten oder des Bundeskanzlers erreichen Sie beeindruckende Resultate: „Wie war noch einmal Ihr Name? Kohl? Helmut Kohl? Ja, ich erinnere mich dunkel..." Natürlich lassen Sie beim Handschlag die linke Hand in der Hosentasche. Gern gesehen in diesen Kreisen ist auch der spontane Verbrüderungskuß.

Du oder Sie? Die falsche Anrede am richtigen Platz
Du oder Sie - die Wahl der Anredeform spielt bei uns, anders als im Englischen oder Französischen, eine große Rolle. Wie Sie vielleicht im Kapitel „Begrüßungen" schon bemerkt haben, kommt den initialen Kontakten eine enorme Wichtigkeit zu, und so manchem aufstrebendem Karrieristen gelang es mit einem einzigen falsch plazierten „Du!" seinen Aufstieg in einen rasanten Absturz zu verwandeln. Lesen Sie also die folgenden Zeilen mit großer Aufmerksamkeit, damit Ihnen sowas nicht passiert. Zunächst zur Bewertung von „Du" und „Sie":

Das vertraute „Du"
hat zwei Hauptbedeutungen: die bereits genannte, die Nähe der Gesprächspartner betreffende und, manchmal bedeutsam, die geringschätzende, herablassende, überhebliche Geste.

Das distanzierte „Sie"
entfernt die Gesprächspartner deutlich voneinander und kann als akzentuierte Reaktion auf ein „Du" unerwünschte Nähe abwehren; es können aber auch Anerkennung, Ehrerbietung, Respekt, ja Hochschätzung mitschwingen.
Aus diesem Wissen um Bedeutung und Bewertung der Anredeformen ergeben sich folgende Anwendungen:

Immer mit „Sie" angesprochen werden:
Finanzbeamte, gefährliche Vollidioten, unerwünschte Bittsteller, lästige Fans, zudringliche Liebhaber, Hausmeister, Handwerker, der Gerichtsvollzieher, der Milchmann, die Putzfrau, der Butler, der Steuerprüfer u.ä.

Immer mit „Du" angesprochen werden:
Freunde, lästige Konkurrenten, Arbeitskollegen, Parkplatz-Mitbewerber, Rivalen, Nebenbuhler, Klugscheißer, Klassenbeste und überhebliche, aber machtlose (weil bereits angeschlagene) Vorgesetzte. Seien Sie sicher: Es treibt Sie zur Weißglut. Besonders Betriebspsychologen und Statistiker werden zum HB-Männchen, denn im vertrauten „Du" schwingt derbe Mißachtung ihrer Wissenschaften mit.

Vermeiden Sie das „Du" bei:
Fernsehredakteuren, Lektoren, Personalchefs eines Verlages und Verlegern, wenn Sie wirklich etwas erreichen wollen. Die Zeiten der 68er Duzerei sind auch im Medienwesen vorbei. Sie könnten allenfalls maßloses Erstaunen ernten.

Eine Umstellung von „Du" auf „Sie" als Zeichen für eine gefährdete bzw. beendete Freundschaft oder gar Ehe funktioniert nur noch im Boulevardtheater. Im wirklichen Leben hat ein „Leck mich doch, **du** Vollhirni!" besseren Erfolg.

„Na, Dokterchen?" - Titel
Ohne Titel ist man kein Mensch. Wer nicht Rang und Namen oder ein „von und zu" vorzuweisen hat oder ein Dr. vor dem Namen führt, schrumpft leicht zur Null - wenn er sich nicht wehrt. Sie haben alle Sympathien auf Ihrer Seite, wenn Sie einen Doktor fertigmachen - das Heer der adels- und titellosen, zu dem Sie vermutlich gehören, lechzt nach Rache für diese größte Ungerechtigkeit der Welt. Dabei stehen Ihnen einige wirkungsvolle Methoden zur Verfügung:

Simpel, aber immer noch wirkungsvoll: die **Verniedlichung**. Ein „Professorchen" eignet sich allenfalls als Witzfigur, das „Doktorchen" macht den Gott in Weiß oder Was-weiß-ich zum akademischen Trottel.

Ebenso effektiv: der **Konkurrenzadlige**. Ernennen Sie einfach einen Ihrer Freunde zum Herzog von Baskerville, wenn Ihnen ein Freiherr von Plopp querkommt. Sie werden staunen, wie irritiert der echte blaublütige Miesling auf Ihren Ersatzfürsten reagiert.

Namentlich gemeine Adelshasser stellen sich dumm und benutzen wider besseres Wissen die Anrede falsch. Nicht mit

Dieter Baron von Doppelkorn

wird der Gast angesprochen, sondern nach der **Graf-Bobby-Masche**, die allen Sprößlingen alter Familien aufstößt:

Baron Dieter von Doppelkorn

Seltsam, und damit wirkungslos, wird ein Titel in **Zusammenspiel mit dem vertrauten „Du"**: „Na, Graf, wie geht es dir?"

Der voll ausgeschriebene Titel („An Ihre Magnifizenz Herrn Professor Doktor philologicae Hermann Josef Maria Dümpelfeld") kann sowohl ironisierend begriffen als auch - bei außergewöhnlich dämlichen Traditionalisten - als nette Bauchpinselei verstanden werden.
Überlegen Sie sich also gut, wen Sie vor sich haben. Die präzise kurze Form („An Herrn Dr. Dümpelfeld") tut es allemal. Noch besser: „Hei, Dümpi!"

Wenn Sie die Angelegenheit umgekehrt angehen wollen, können Sie sich auch selbst einen Adels- oder sonstigen Titel beschaffen. Konsul Weyer und zahlreiche seiner Konkurrenten bieten gegen Bares eine reichhaltige Auswahl an.

Sparsamer: Sie adeln sich selbst oder ernennen sich sonstwie zum Würdenträger. Dabei müssen Sie jedoch beachten, daß bestimmte Bezeichnungen bereits besetzt sind:

Magnifizenz	= Rektor einer Universität
Spektabilität	= nicht der Vorsitzende der Metzgerinnung, sondern der Dekan der Universität
Eminenz	= Kardinal
Exzellenz	= Bischof
Hochwürden	= Pfarrer
Eure Heiligkeit	= Gottes Stellvertreter auf Erden
Hochwohlgeboren	= Prinz
Hoheit	= König

Auch Barone, Herzöge und Freiherren lassen sich zu leicht als falsche Fünfziger entlarven. Einen Prinz, Kaiser oder König glaubt Ihnen ohnehin keiner. Planstellen in diesen Berufen sind kaum noch frei, allenfalls als König von Disneyland. Doch wie wäre es mit

Geheimrat, Obersenatsrat, Hofrat oder Sonderbotschafter?

Klangvoll heben auch gewisse Fantasietitel Ihren Namen hervor:

Omnipotenz, Effizienz, Pomeranz, Profitabilität, Perversität, Alleszuspät, Spitzengerät...

Drucken Sie Ihren neuen Titel unbedingt auf Ihre Visitenkarte! Sowas hat sonst keiner!

Verbal flüssig - die feuchte Aussprache

Udo der Tröpfchenspeier hat leider die Bühne der Öffentlichkeit verlassen und bringt uns damit unhöflicherweise um ein leuchtendes Beispiel für den Einsatz der Wasserkraft im Gespräch. Als besonders adrett gilt es aber nicht, seine Gesprächpartner oder

Zuhörer zu besprengen. Werden Sie also nur dort zur verbalen Gießkanne, wo Sie ohnehin vorhatten, Ihre Zelte abzubrechen. Dort allerdings können Sie sich getrost als Geysir darstellen.

Voll ins Fettnäpfchen – scheinbare verbale Ausrutscher
Meister der verbalen Attacke verwenden eine äußerst scharfe Waffe im Kampf der Worte: die Freudsche Fehlleistung. Das geeignete Medium: die öffentliche Ansprache. Der scheinbar herausgerutschte Versprecher sagt denen alles, die genau hinhören.

„Ich freue mich besonders, Ihnen zu Ihrem Amtsan*tritt in den*... äh, gratulieren zu können."

„Seit Jahren versumpft... äh, versucht unsere Abteilung unter Ihrer werten Leitung, Herr Doktor Flopp...äh, Flottmann..."

„Nicht erst seit gestern wissen wir, Frau Schlicht-Öhlich, Ihre triefenden... äh, treffenden Gutachten zu schätzen. Wir hoffen, daß dies auch künftig so bleiern... äh, bleiben wird."

„Wir bedauern es maßlos, Herr Schlumpf-Döttelmeier, daß Sie unseren Verein als Schwatz... äh, Schatzmeister verlassen wollen, waren Sie doch jahrelang unser finanzieller Rui... äh, Retter..."

Die dumme Bemerkung
Eigentlich ist „dumme" Bemerkung eine falsche Bezeichnung für Ihre Sprachäußerung, denn dumm ist Ihre treffsichere, häufig ironisierende Aussage sicher nicht. Nur ist der, den sie trifft (treffen soll!) von ihr getroffen. Und deshalb findet er sie dumm, Ihre Bemerkung. Treffsicher legen Sie Ihren Finger in die Wunde des Unternehmers, wenn Sie die Sache in einem einzigen Satz auf den Punkt bringen:

„Na, von der Pleite war Ihre Firma auch schon mal weiter entfernt als gerade heute."

Zielgenau knallt Ihr Ausspruch der abgetakelten Schauspielerin vor die Kosmetik:

„Hallo, Frau von Hollengrau! Was studieren Sie denn gerade ein? Die Julia doch sicher nicht..."

Das Problem an der Sache: Anders als beim „Versprecher" rutscht Ihnen da etwas aus dem Munde, dessen Existenz Sie hinterher kaum ableugnen können.
Deshalb Vorsicht mit dummen Bemerkungen! Wenn Sie von Ihren Mitmenschen Gefälligkeiten oder Hilfe erwarten, so sparen Sie sich Ihre dummen Bemerkungen für einen späteren Zeitpunkt auf. Aber der Hellste waren Sie in Sachen verbaler Strategie ja wohl nur im Kindergarten, wenn ich das mal so dumm bemerken dürfte...

Das mißglückte Kompliment
Nur wahre Meister der Sprache mit spontanen Eingebungen beherrschen die hohe Kunst, Komplimente zu machen, die „nach hinten losgehen". D.h., die zunächst scheinbar schmeicheln, sich nach dem ersten Nachdenken aber schon als üble verbale Tretminen entpuppen. Einige Beispiele:

„Ach, Frau Zünzel, Sie sind die schönste Frau im Saal! Sie sehen mal wieder weitaus jünger aus als Sie sind!"

„Wenn ich Sie ansehe, fallen mir alle meine schönsten Lügen wieder ein..."

„Hach, Sie duften heute abend aber wieder herrlich! Wie eine ganze Parfümerie!"

„Mann, sind Sie trinkfest! Ihre Leber möcht' ich nicht haben!"

„Traumhaft, du hast dich heute aber hübsch zurecht gemacht! Fast hätte ich dich nicht erkannt!"

Eine Spezialform ist das **Nachklapp-Kompliment**, eine offensichtlich mit Absicht boshaft endende Schmeichelei:

„Sie haben Beine wie ein Reh, Frau Kommerzienrat - genauso dünn und behaart."

„Ich Adam und Sie Eva - da wäre die Menschheit ausgestorben!"

„Wenn ein schöner Mann den Raum betritt, geht die Sonne auf! Kann mal jemand das Licht anmachen?"

Die Beleidigung

Bei obiger Art Schmeichelei ist die Beleidigung nicht mehr weit entfernt. Diese Form der sprachlichen Demütigung kann Ihnen die Feinde vom Leib halten wie ein Schwinger dem Boxer Luft verschafft - oder Ihre Widersacher zu wütenden Angriffen anstacheln. Leider ist nicht immer einsichtig, nach welchen Kriterien Ihre Feinde abgeschreckt oder zur wilden Attacke angefeuert werden. Ist es der hohe Härtegrad der Beleidigung, der den Gegner ängstlich zurückweichen läßt - oder macht gerade überzogene Derbheit ihn spitz? Testen Sie selbst! Die vier Schimpfwörter

Bauchpinsler

Schleimer

Arschkriecher

Speichellecker

besagen zwar in etwa dasselbe, allerdings unterschiedlich deftig. Testen Sie es einfach mal aus! Werfen Sie dem miesen Nachbarn, dem Sie schon immer gern an die Wäsche wollten, bei Gelegenheit der Reihe nach alle obigen Schimpfwörter an den Kopf. Beobachten Sie genau, bei welchem er Ihnen an die Gurgel geht (Wir lehnen selbstverständlich jede Verantwortung ab! *Sie* wollten sich unbedingt streiten!) Wenn Sie nicht von athletischer Statur sind oder den schwarzen Gürtel in Karate besitzen, können Sie dieses Buch im Krankenhaus zu Ende lesen.

Die üble Nachrede
Üble Nachrede ist als Hobby in allen Bevölkerungsschichten weit verbreitet. Da die meisten Menschen sich nicht trauen, ihrem Gegenüber etwas offen ins Gesicht zu sagen, holen sie dies eben später nach. Daher Nachrede. Warum eine deftige Antwort oder gar Keile riskieren? Es ist doch ausgesprochen einfach, den Feind in Abwesenheit fertigzumachen - und sehr oft erheblich wirkungsvoller.

Nur völlige Idioten stellen sich allerdings selbst in den Regen und lassen juristisch verwertbare Aussprüche ab. Ein Satz wie

„Der Huppke ist ein gemeiner Betrüger! Der klaut sogar bei der Kollekte in der Messe!"

kann Sie teuer zu stehen kommen - wenn der Huppke nicht tatsächlich in der Kirche klauen sollte und Sie Beweise vorbringen können.

Halbherzige Abschwächungen bewirken allenfalls mildernde Umstände:

„Der Huppke soll ja ein gemeiner Betrüger sein! Der klaut sogar bei der Kollekte in der Messe, sagt man!"

Zu einfach! Wer „man" ist, liegt auf der Hand.

Kenner gehen anders vor: Hier einige Versatzstücke, die die Fantasie der Zuhörer gekonnt in die richtige Richtung lenken, ohne daß jemand den Sprecher dingfest machen könnte:

„Der Blankenberger und das Geld - na, ich weiß nicht..."

„Berthold Pritz - oha!"

„Mein Fahrrad würde ich ihm nicht leihen - nicht mal 'ne Plastiktüte!"

„Geräusche hört man aus dem Büro - Geräusche, sage ich Ihnen...Manchmal hab' ich schon gedacht, da schnarcht einer, aber das kann ja wohl nicht sein..."

„Ob der häufig krank ist? Keine Ahnung, man trifft ihn ja kaum am Arbeitsplatz!"

„Der Trottmoser wollen Sie das Projekt in die Hände legen? Na, da liegt es gut!"

„Sawatzki und Überstunden, das sind zwei paar Schuhe..."

Ungemein in die Enge treiben läßt sich der Feind, wenn er selbst anwesend ist. Die üble Nachrede wird nicht selbst ausgeübt, sondern es wird nur darüber berichtet, und zwar mit Formulierungen wie:

„Mir sind da Gerüchte zu Ohren gekommen, Herr Golz, daß Sie in Ihrer Freizeit als Förderer des horizontalen Gewerbes auftreten..."

Der Bezichtigte wird Ihnen entweder mit dem nackten Gesäß ins Gesicht springen oder sich zu rechtfertigen versuchen. Beides wird ihm als Schuldeingeständnis gedeutet. Einzig wirksame Gegenwehr: wenn Herr Golz schlagfertig anwortet, z.B.:

„Aber sicher doch! Wo Sie mit Ihren Pferdchen doch so gute Geschäfte machen, Herr Tüttel..."

Frechheit obsiegt!

Wie, Sie finden oben beschriebenes Vorgehen und alle weiteren Überlegungen zu diesem Thema schleimig, gemein und widerwärtig? Wir auch. Aber seien Sie versichert - die anderen machen es so, was also bleibt uns übrig? Während Sie hier den Moralapostel spielen, sägt ein anderer mit übelsten Gerüchten an Ihrem Stuhl. Notwehr, alles reine Notwehr!

Noch etwas zum Wahrheitskoeffizienten eines Gerüchtes: Verfahren Sie nach der Praxis der Statistiker und machen Sie möglichst vage, aber präzise erscheinende Angaben. Das Verfahren in der Statistik:

In der Bundesrepublik gibt es 1.000.000 Million Alkoholiker - bei diesem Satz spürt jeder den Atem der Ungenauigkeit.

In der Bundesrepublik sind 1.098.237 Menschen alkoholabhängig oder alkoholgefährdet - das klingt präzise! Auf den Mann genau! So wird es gemacht, auch wenn kein Mensch diese Zahl mit irgendeiner Berechtigung als richtig angeben kann, da ja in jeder Sekunde neue Schluckspechte hinzukommen und Altsäufer abnippeln bzw. geheilt werden könnten.

Übertragen auf Ihr Gerücht:
Herr Frotz soll ein außereheliches Kind haben - hier ahnt jeder sensible Kollege, daß dem Herr vielleicht etwas angehängt werden soll.

Herr Frotz soll Vater einer heute sechsjährigen außerehelichen Tochter namens Sozialinde sein, die in Gera lebt und aus einer Verbindung mit einer russischen STASI-Animateurin namens Tamara Amorowa stammen soll.

Bei soviel Präzision wird es Herr Frotz schwer haben, sich reinzuwaschen. Wenn Sie noch die Geburtsurkunde fälschen, sind Sie auf dem richtigen Weg. Eine große Karriere als Erpresser, Betrüger und Hochstapler steht Ihnen offen - ebenso wie die Tore zahlreicher Strafanstalten.

Sprache als Keule: der Fluch
Es ist nicht immer einfach, sein Terrain abzugrenzen. Anders als in der Tierwelt steht dem halbwegs zivilisierten Menschen die Möglichkeit des Markierens mit Urin nicht zur Verfügung, obwohl es immer noch Rückfälle in dieses Verfahren gibt, wenn angetrunkene Männer Gaststätten verlassen. Nein, der heutige Mensch muß auf subtilere Verfahren zur Abgrenzung seines Reviers zurückgreifen, und die Palette reicht vom formschönen Jägerzaun bis zur bewährten Atombombe.

Eine außergewöhnlich günstige, weil (ähnlich dem Urinstrahl) stets verfügbare Methode der Grenzziehung stellt die agressivste Sprachform dar: der Fluch. Auf diese Waffe aus Gründen des guten Benehmens zu verzichten, bedeutet sich selbst im Kampf ums Dasein auf unverzeihliche Weise zu benachteiligen. Auch der wohlgemeinte elterliche Rat „Du sollst nicht fluchen!" macht den Sprößling nicht überlebenstüchtiger.
Denn wer flucht, kann sich gesellschaftlich freie Bahn schlagen. Einige Beispiele:

Himmelhergottsakra!

Steckt hinter diesem Fluch nicht die geballte Kraft der bayerischen Urnatur, und schwingt da nicht auch die Andeutung einer

CSU-Mitgliedschaft mit? Vorsicht, Platz gemacht! Dieser an sich schon starke Mensch hat mächtige Freunde!

Ihr verdammten Hängeärsche aus der Versandabteilung!

In schöner, fast sachlicher Form benennt **hier** der Fluchende seine Ressentiments gegenüber einigen unbotmäßig passiven Kollegen!

Bomben und Granaten! Zum Teufel mit Ihrem dauernden Kreativgelaber!

So setzt sich der neuzeitliche Unternehmer gegen nervend-innovative Mitarbeit durch. Bomben und Granaten stehen für die Aggressivität seiner Aussage. Indem er den Herrn der Hölle zitiert, macht er den Grad seiner Ablehnung klar.

Sackschweiß und Pulverdampf!

Ein schwerkalibriger Macho-Fluch, wie er aromatischer kaum ausfallen kann. Wer sich das herausnimmt, verfügt über sehr viel Macht - oder riskiert Kopf und Kragen.

Krötenschleim und Rattendreck! Ich mach' dich zur Schnecke!

Ein weiblicher Kraftfluch, der an die schöne Tradition der Verwünschung zur Zeit der Hexen anknüpft - gerade richtig für die aufstrebende Jungmanagerin (-womanagerin?)

Übrigens: nicht jeder Fluch bringt es!

Ei verbibbsch!

Ein sächsischer Schwachfluch, der a) eher niedlich und b) z.Z. noch ziemlich wirtschaftsschwach klingt. Vermeiden!

Kruzitürken!

Auch diesen Fluch vermeiden, denn es schwingt Ausländerfeindlichkeit mit! Zwar bezieht sich der Fluch auf eine längst vergangene Variante der Fremdenfeindlichkeit zur Zeit der Türkenkriege, doch wird jeder denken, es handele sich um frischen, neudeutschen Ausländerhaß á la Hoyerswerda. Nicht gut für Ihr Image!

Nervend bis aufs Blut - mein Lebenslauf
Nichts wirkt so desinformativ und macht den Zuhörer so desolat und perspektivlos wie eine ausufernde Vorgangsschilderung oder Erzählung. Da Ihnen aber bei frei gewählten Themen, z.B. über die Koitalriten der westsibirischen Schrumpffußmäuse, schnell der Stoff ausgehen würde, wählen Sie das Thema, über das Sie das meiste sagen können: sich selbst. Schildern Sie bei jeder Gelegenheit ausführlich, verwinkelt und ins Detail gehend, Ihr gesamtes bisheriges Leben. Diese Lebenslauf-Methode kann zudem für sich den Vorteil verbuchen, daß jeder Zuhörer zunächst glaubt, Sie wollten irgend etwas Bedeutendes zu den soziokulturellen Vorbedingungen Ihrer Person vermitteln.
Wann greift die Lebenslauf-Methode? Stellen Sie sich folgende Situationen vor:

• Sie haben in der Firma einen Schaden von etwa 3 Millionen Mark verursacht und der Chef zitiert Sie zum Rapport.

- Sie sollen zur Bestechungssache Mollmann Zeugnis ablegen. Was der Richter nicht weiß und auch nicht wissen soll - leider sind Sie selbst ein wenig verwickelt...

- Einer Ihrer „netten" Kollegen möchte an die Öffentlichkeit zerren, was lieber im diskreten Dunkel bleiben sollte, und wenn Sie bei der Konferenz zu reden aufhören, fängt er an...

Also legen Sie los und berichten über die genauen Umstände Ihrer Zeugung und Geburt, die ersten Tage Ihrer frühen Kindheit, Ihren ersten großen Haufen ohne und später mit Windel...

(Zur Schonung der Leserschaft wurden hier vierzehn Seiten ausgelassen!)

...Ihr erstes sexuelles Erlebnis auf der Müllkippe, Onkel Detlefs neues Moped Marke „Zündapp", daß Sie schwer fasziniert hat, Ihr prägendes Erlebnis mit dem Teufel Alkohol im Schrebergarten, die herrlichen Tage im Wohnwagen an der Ostsee, als Ihr Vater noch nicht unter der Eiweißallergie litt und die Eier beim Frühstück immer mit der Eier-Guillotine aus dem Versandhaus köpfte; Tante Sofies zarte Affäre mit dem Pizzabäcker...

(Zur Schonung der Leserschaft wurden hier weitere sechsunddreißig Seiten entfernt. Die ungekürzte Version erhalten Sie vielleicht auf Anfrage beim Verlag.)

Nicht lange, und Ihr Redeschwall hat alle Absichten Ihrer Inquisitoren und Mitmenschen und einem Berg von überflüssigen Buchstaben verschüttet. Wenn Sie weiterreden, lassen alle Zuhörer jede Hoffnung fahren. Bald darauf verfallen die ersten in katatonische Starre oder Winterschlaf. Auf jeden Fall vergessen alle völlig entnervt ihre negativen Absichten. Mehr wollten Sie nicht erreichen. Sie können hier also Ihre ausschweifenden Erzählungen beenden.

Na ja, da stand ich also mit meinem Sonnenbrand...

Hallo! Schluß jetzt.

...und mein Vater sagte mit hämischen Grinsen: Mein Herr Sohn konnte ja nicht auf seinen Vater hören. Mein Herr Sohn mußte ja drei Stunden in der prallen Sonne nach Wattwürmern graben...

Hören Sie nicht? Aufhören!

Apropos Wattwürmer... Da fällt mir ein: Habe ich Ihnen eigentlich schon mal von meinem Neffen Herbert erzählt, der immer wenn es regnete, Schnecken und Regenwürmer zu verspeisen pflegte? Nicht? Also, das war so: Immer wenn es regnete, pflegte mein Neffe Herbert Schnecken und Regenwürmer zu verspeisen, aber nicht nur so, sondern mit Salz, Pfeffer und etwas Senf! Und eines Tages, als es mal wieder richtig feste geregnet hatte, ich glaube, daß war damals der Wolkenbruch in Oberhausen... War das nicht 1956? Oder nein, das war 1958! Waren Sie 1958 mal in Oberhausen! Nicht? Aber ich, und natürlich mein Neffe Herbert, ja, der mit den Schnecken und Regenwürmern...

He, Sie da! Aufhören! Schluß! Ende! Aus! Gnade...

> Gegenwart des Geistes ist ein seltenes Geschenk des Himmels und macht, daß wir im Umgange in sehr vorteilhaftem Lichte erscheinen.
>
> Knigge

Haarsträubend doof - „Konversation" mit Gästen

Umgekehrt gibt es den Fall, das Sie überhaupt keine Veranlassung sehen zu reden, aber z.B. Ihre Gäste erwarten, von Ihnen unterhalten zu werden. Es gehört sich einfach nicht, sie zu enttäuschen. Sie werden nämlich sonst als schlechter Gastgeber gelten, und das wollen wir doch auf keinen Fall! Das sah schon Knigge so, der die Begabung zur Konversation hoch einschätzte:

> Eine gewisse Leichtigkeit im Umgang also, die Gabe, sich gleich bei der ersten Bekanntschaft vorteilhaft darzustellen, mit Menschen aller Art zwanglos sich in Gespräche einzulassen und bald zu merken, wen man vor sich hat und was man mit jedem reden könne und müsse, das sind Eigenschaften, die man zu erwerben und auszubauen trachten soll.

Erwerben und ausbauen? Überflüssig! Was also dann? Über das Wetter reden? Niemals! Das tut ja jeder! Gedenken wir lieber meines Freundes Bernhard, der nun sicher irgendwo sein Dasein als erfolgreicher Pädagoge fristet; er war ein Meister der Technik, die er „dramatisierte Banalitäten" nannte und die auf geradezu geniale Weise aus nichts Kapital schlägt. Waren Gäste im Haus, so trat er z.B. wie Othello auf die Bühne des Geschehens, räusperte sich und verkündete, der Aufmerksamkeit aller Zuhörer gewiß: „Ich schmier' mir jetzt mal ein Butterbrot!" oder „Mein Gott, wie schön, daß Ihr alle da seid!" Donnernder Applaus! So geschah es 1975. Nicht nur die Politik hat seither von ihm gelernt.

Was Sie reden, wenn Sie Gäste haben, ist nämlich in ähnlicher Dimension gleichgültig, wie das All unendlich ist. Intelligente Menschen werden Sie auf Bällen, Parties, Empfängen und Besuchskaffees sowieso nicht antreffen. Plappern Sie deshalb alles herunter, was Ihnen gerade so einfällt, wenn es nur nicht gerade „Blablabla-blabla-blah!" ist. Der triviale Alltag liefert Gesprächsstoff genug. Nur keine Hemmungen - nichts ist zu doof! Es kommt nur auf den Gestus, die Absicht zur verbalen Lautäußerung an und die sogenannte „peinliche Stille" muß vermieden werden. Was geschähe, wenn alle schwiegen? Vielleicht würden alle zu Eis erstarren. Oder der Himmel fiele uns auf den Kopf. Wer weiß es? Es reden ja immer alle. Zum Beispiel begrüßt Frau Bergenstolz so Ihre Gäste:

„Ja, treten Sie ein, guten Tag, und immer drauf mit den Füßen auf die neue Fußmatte! 19,80 DM im Supermarkt, aber garantiert reines Kamelhaar! Man achtet ja jetzt auf recyclingfähiges Material! Wie geht es der Frau Mutter? Tot? Ach, das ist aber schade! Wobei mir einfällt: J.R. aus Dallas ist ja jetzt auch tot. Man ist ja gern tot in diesen Tagen! Und letzte Woche war ich auf dem Friedhof! Da habe ich auf einem Grab ein paar dunkellila Kerzen gesehen, schick, sage ich Ihnen, dermaßen schick! Aber bei uns in der Drogerie gab es sie natürlich nicht! Nichts kriegt man in dieser Drogerie! Sie auch nicht? Sehen Sie! Und der Herr Gallowski! Na, die Nase auch noch mitten im Gesicht! Richtig! So wird es gemacht! Aber klar doch, legen Sie Ihren Mantel ruhig in die Buttercremetorte. Und gefällt es Ihnen in der Heilanstalt? Nicht? Was darf ich anbieten? Milch? Tomatensaft? Ach, einen Cognac. Aber sicher doch! Cognac gab es diese Woche im Sonderangebot, und da habe ich gleich einen Kanister... Richtig, man muß ja sehen, wo man bleibt..."

Kennen Sie den? Witze als Würgemittel
Wenn Sie Ihre Gäste in der oben beschriebenen Weise unterhalten, können Sie sicher sein, daß diese sich wohlfühlen und

Sitzfleisch entwickeln werden. Was aber, wenn Sie sich noch steigern wollen, wenn Ihnen erst das Prädikat „brillanter Unterhalter" genügt? Ganz einfach: Erzählen Sie Witze.

Sicheren Erfolg haben Sie, wenn Sie bei jedem Anlaß von neuem denselben Witz zum besten geben. Dann weiß jeder Ihrer Gäste, wann er lachen muß. Viele gefragte Unterhalter machen es so. Auch neue Lachanlässe bringen immer wieder Schwung in Ihre Einladung. Außergewöhnlich beliebt sind solche Qualitätswitze, auf die Ihr Publikum mit dem Ausruf „Pua!" reagiert und sich mit der flachen Hand vor die Stirn schlägt - sogenannte „Pua!"-Witze. Legen Sie sich eine Sammlung solcher Witze auf Karteikarten an. Hier Ihr erstes Sammelstück:

Gott Vater trifft den Pfarrer im Supermarkt. „Na", fragt er verwundert; „Schon wieder neuen Meßwein einkaufen? Hüte dich vor dem Teufel Alkohol! Ich glaube, du bist sittlich gefährdet!" - „Nicht die Bohne, Chef!", gibt der Pfarrer locker zurück. „Ich kauf' mir ja bloß Pariser!"

Besonders gewaltig schlägt dieser Witz ein, wenn Hochwürden selbst Gast Ihrer Veranstaltung ist.

Überhaupt sind „Pua!"-Witze mit sexuellem Schockeffekt beliebt, etwa diesen Kalibers:

Kommt ein Fahrrad in eine Gummiwarenhandlung. „Ich hätte gern einen neuen Schlauch! Mein alter ist völlig schlaff!"- „Nicht nur Ihrer", entgegnet der Verkäufer, „meiner auch!"

Pua. Das ist noch gute alte Qualität.

> Würze nicht Deine Unterhaltung mit Zweideutigkeiten,
> mit Anspielungen auf Dinge, die entweder Ekel erwecken
> oder keusche Wangen erröten machen!
>
> Knigge

Arsch, ficken, Scheiße - Hach, was sind wir frei!
Recht hat Meister Knigge! Nur keine Zweideutigkeiten! Eindeutig sei deine Rede! Wie jeder postmoderne Roman mit zumindest einer deftigen Fellatio beginnen muß, um überhaupt das Prädikat Gegenwartsliteratur zu verdienen, so muß auch jedes gute Gespräch von vornherein die Grenzen des Niveaus ausloten. Es ist immer von Bedeutung, wer von allen Beteiligten der freieste, ungehemmteste Gesprächspartner ist, denn der bezieht augenblicklich die stärkste Position. Der Schriftsteller, der den Verlagsleiter mit einem satten: „Na, du Arsch? Und du glaubst allen Ernstes, daß ich in Deinem Scheißverlag veröffent-

lichen werde?" beginnt, macht von vornherein klar, daß ihm der Verleger völlig wurscht ist und daß er alles andere tun wird, als ihm hinten reinzukriechen. Und, indem er mit einer schweren Beleidigung alle Regeln des „guten Geschmacks" und alle Tabus bereits im ersten Augenblick verletzt, macht er deutlich, daß er den Anspruch erhebt, ein neuer Hemingway oder Henry Miller zu sein - nur viel besser. Allerdings sollte er sicher sein, daß der Verleger sein Manuskript schon vor diesem Auftritt gelesen hat.

Oha, wie umsäuselt einen doch der Wind der Lüste, wenn man ungehemmt und ohne die Stimme nur ein einziges Dezibel zu senken „ficken" sagen kann! Wie frei! Wie unkonventionell! Alle reißen staunend den Mund auf und machen ihn erst wieder zu, wenn das Wort aus der stimulierenden Welt des frühpubertären Gruppenwichsens vollständig verklungen ist. Hin und wieder jedoch erweist sich diese „Freiheit" auch als Eigentor: Niemand bewundert Sie, sondern man fragt nach Ihrer Kinderstube. Dann haben Sie sich ins Knie gefickt.

Die Betriebsklimakatastrophe - Beruf und Büro

Nur in der Sardinendose und im industriellen Mastbetrieb sind Lebewesen enger aufeinandergestapelt als in der durchschnittlichen Firma. Entsprechend verroht sind die Sitten, entsprechend hart ist der Kampf ums Dasein. Und entsprechend angespannt geht es zu - etwa wie im Dschungel kurz vor dem großen Regen. Wer es da mit gutem Benehmen versucht, liegt direkt auf der Fresse. Pardon, auf der Physiognomie.

Die andere Bewerbung

Bevor Sie aber im innerbetrieblichen *struggle for life* mitmischen dürfen, müssen Sie zuerst die Berechtigung dazu erhalten, sprich: eine Anstellung. Formvollendete Bewerbungsunterlagen sagen so gut wie nichts über Sie. Jeder Personalchef weiß Bescheid: alles abgeschrieben. Erst Ihre ganz eigenes, frei entworfenes Bewerbungsschreiben vermittelt Ihre Qualifikationen und gibt ein vollständiges Bild Ihrer Persönlichkeit. Lassen Sie alles heraus, was in Ihnen steckt! Hier einige Beispielbewerbungen um einen Managerposten...

...im Verkauf beim Miederwäscheproduzenten Schwarz & Knackig:

Hey, Leute,

Eure durchsichtigen Fummel find' ich echt gelungen! Ich hätte allerdings noch 'n paar affenscharfe Verbesserungen auf Lager, da ginge euch der Hut hoch - und noch so einiges mehr, wenn Ihr die 150 Mille berappen wollt, die ich mir als Jahresgehalt vorstelle...
Eure Daniela Spitz, Rammelmannweg 6, 1234 Bumshausen 7 (Ortsteil Lechzen) Tel. 0123/6666, persönliche Daten 110-60-90

...als Kreativer in der Werbeagentur A., B. & W.C.:

Browonnoni ekai,
wie sich die Eskimos zu grüßen pflegen, seid mir wohlgesonnen, Künstler des Werbespots auf der flimmernden Scheibe. Ich, Heinrich Watzmann der Achte, bin eine kreative Sprenggranate, die ihr Opfer sucht, die im Zentrum der schaffenden Lust explodieren will, die das All vor Leidenschaft zum Hallen bringt - wenn die Asche stimmt. Sonst mach ich eben Karriere als Nobelpreisträger oder so. Angebote an Heinrich 8, Tickmannstr. 9, 2345 Abflug, Tel 02345/7777, Fax 02345/8888, Fix 02345/9999 und Foxi 02345/0000. Absage folgt auf dem Fuße.

Arawanay, wie der Osttunguse seinem Buhlgefährten zum Abschied ins Öhrchen haucht!

... als Produktionsleiter in der Bauklotzindustrie:

*Booh, eyh,
da würdet Ihr Bauklötze staunen, wenn Ihr den Turm sehen könntet, den ich gestern mit unsern Oppa innet Wohnzimma gebaut hap! Und letzte Woche innen Kindagarten - der war hoch! Und gewackelt hat er erst, als die Tante uns die Töpfchen untergeschoben hat. Das hat gescheppert, als die Klötzchen in die Kacke fielen! Die roten Klötze waren hinterher ganz braun. Nee, aber mal Spaß, beiseite: Ich, Herbert Kindermann, bisher als Spielleiter im Seniorenklub „Wangenrot" tätig, suche einen neuen Wirkungskreis. Und da ich noch immer so verspielt bin, dachte ich: warum nicht mal beim Legoland anfragen. Bezahlung in Bauklötzen käme aber nur z.T. in Frage, der Rest in Wundertüten!*

Euer Herbert Kindermann

Hackordnung: Wer provoziert, muß gut sein

Ihre Bewerbung hat alle aus den Socken geblasen. Sie haben den Job. Doch wie geht es nun weiter? Nur wer höflich und doof ist, unterwirft sich vorgefundenen Strukturen. Wer ganz nach oben kommen will, mischt den Laden gleich von Anbeginn an auf. Logisch.

Wie bereits in anderen Zusammenhängen beschrieben, ist Provokation ein ausgezeichnetes Mittel, bestehende Hierarchien zu zerschlagen. Wer den ersten Schlag führt, ist im Vorteil. Allerdings darf dieser erste Streich nicht halbherzig oder auch nur in Andeutungen gebremst geführt sein. Das Opfer spürt jede winzige Unsicherheit sofort, und wenn es sich erst einmal erholt hat, folgt die um so härtere Gegenwehr. Nein, dieser erste Streich muß völlig unerwartet und mit absoluter Härte niederkrachen. Sprachlos und zutiefst getroffen, darf der Angegriffene zu keiner Gegenwehr in der Lage sein. Überlegen Sie sich also gut, wie stark Sie sich fühlen.

Einige Beispiele:

„Na, Salzmann, alter Penner? Auf der Uni warste immer der mieseste! Erschwindelte Scheine, gekaufte Doktorarbeit... Warum haben die Doofköppe hier dir eigentlich 'nen Job gegeben?"

„Dann wollen wir den Gruftiladen mal ordentlich auf Vordermann bringen! Wer ist für das Chaos hier verantwortlich?"

„Ich will ja nichts sagen, aber wann wurde denn in diesem Saustall hier zum letzten Mal gearbeitet?"

„Also, Leute, damit das klar ist: Ich bin hier der King! Auge um Auge, Zahn um Zahn! Gefangene werden nicht gemacht!"

In fortschrittlich geführten Betrieben könnte es allerdings sein, daß Ihr verbaler Ausfall eine unerwartete Reaktion verursacht: das Gelächter eingespielter Teams nämlich...

*Enthülle nie auf unedle Art
die Schwächen Deiner Nebenmenschen, um Dich zu erheben!
Ziehe nicht ihre Fehler und Verirrungen ans Tageslicht,
um auf ihre Unkosten zu schimmern!*

Knigge

Karriere 1: Die Blamage als Waffe
Unschön, aber wahr: Nichts ist so unvergleichlich effektiv für die eigene Karriere wie die Fehler der anderen. Fördern Sie Ihre Kollegen und Mitarbeiter entsprechend! Das neue Projekt, das leider der Chef schon selbst und zufällig ganz anders in Angriff genommen hat, die geniale Kalkulation mit einem winzigen Kommafehler bereits in der ersten Zeile, das hübsche Hirngespinst, die verschrobene Idee, die leichte Wahnvorstellung, der etwas abseitige Verbesserungsvorschlag und die in der Planung äußerst aufwendige, aber leider undurchführbare Konzeption - das alles sollten Sie unbedingt fördern - bei Ihren Kollegen. Je steiler der Höhenflug, desto tiefer der Fall. Und je idiotischer die Einfälle der anderen, um so genialer wirken Ihre eigenen, eigentlich recht alltäglichen Vorschläge. Werden Sie also zum großen Förderer kreativen Potentials - je seltsamer, desto förderungswürdiger! Achten Sie nur darauf, daß Sie stets im Hintergrund bleiben und nicht versehentlich als Mäzen der schlechten Sache mit in den Sog des Untergangs gerissen werden.

Voraussetzung: absolute Skrupellosigkeit, die Gutgläubigkeit anderer auszunutzen. Ideal geeignet für die immer häufigeren Menschentypen **Verräter** und **Schleimer**!

Karriere 2: Die „Leiche im Keller"

Ebenfalls der eigenen Karriere äußerst förderlich: die „Leiche im Keller". Im Gegensatz zum „Stein im Brett", den man bei jemandem hat, ist die „Leiche" keine Gutschrift, sondern das gemeinsame Wissen um eine kleine, aber unangenehme Verfehlung.

Beliebte „Leichen im Keller" des anderen:
- eine nette kleine Schwarz- oder Schmiergeldaffäre
- der Quicky mit dem netten Kollegen auf der Messe
- der gemeinsame Bordellbesuch, von dem es aparte Kunstfotos gibt
- die (bereits erwähnte) gekaufte Examensarbeit
- der kleine Datendiebstahl beim Arbeitgeber
- der einfallsreiche Versicherungsbetrug mit dem „ausgebrannten" Wagen
- der fast saubere Patentverkauf am Konzern vorbei
- die Steuersache mit den getürkten Kosten
- eine Stimme, die für die falsche Partei abgegeben wurde
- der Hang zu gewissen weißen Pulvern oder aromatischem Rauch
  und vieles mehr.

Knigge merkt in diesem Zusammenhang an:

Eine der wichtigsten Tugenden im gesellschaftlichen Leben und die wirklich täglich seltener wird, ist die Verschwiegenheit.

So selten ist Verschwiegenheit nun auch wieder nicht, aber: sie hat ihren Preis!

Gerade im Falle der „Leiche" kommt es allerdings auf gepflegte Manieren und taktvolles Vorgehen an. Simple Erpressung wäre schlicht stillos und brächte sie selbst in die Rolle, in der ja der andere bleiben soll: in die des unentdeckten Kriminellen. Wie unfein!

Auch zu brachiales Vorgehen und zu viele Worte, die sie über den *casus cnactus* verlieren, führen zu nichts. Im Gegenteil: Unter Umständen schlachten Sie so die Kuh, die Sie ja melken wollen. Nein, gehen Sie dezent, aber bestimmt vor. Dabei beachten Sie drei Faktoren:

Faktor A: Präsenz
Sorgen Sie dafür, daß Sie stets in der Nähe sind, wenn Posten, Ämter, Aufträge, Etats oder Förderungsmittel zu vergeben sind. Allein Ihr Anblick genügt meist, um den Verantwortlichen an seine Verpflichtungen Ihnen gegenüber zu gemahnen.

Faktor B: Erinnerung und Nachdruck
Sollten dem Menschen mit der „Leiche" Ihre gemeinsamen Herzensbande entfallen sein, klopfen Sie sanft an, aber so, daß nur er oder sie es versteht. Äußerst effektiv: „Mensch, Werner, dich hab´ ich ja seit dem 22.3.1990 nicht mehr gesehen! Weißt du noch, damals in Mainz?"

Faktor C: Das Fall-Beispiel
Dieses Wort ist mit Bedacht nicht „Fallbeispiel" geschrieben - es geht nämlich um das Beispiel für einen tiefen Fall. Allenfalls wäre noch „Fallbeilspiel" passend. Erinnern Sie den Menschen, der Ihnen verpflichtet ist und nun nichts davon wissen will, auf nachdrückliche Weise daran, wie hoch er gestiegen ist - und wie grausig der Abgrund unter ihm gähnt. Dies gelingt Ihnen am besten, indem Sie Fälle aus Industrie oder Politik rekapitulieren, die Ihnen beiden bekannt sind. Beispiel: „Schon gehört, Walter? Der Hengsbacher hat sich erschossen. Seit der Steuersache neulich konnte er irgendwie keinen Boden mehr unter die Füße bekommen."

Stilvollerweise erweisen Sie sich als dankbar, wenn Sie erreicht haben, was Sie wollen. Und vergessen Sie eines nicht: Der Mensch, dessen „Leiche im Keller" Sie für Ihr Fortkommen nutzen, hat nur eines im Sinn: eine „Leiche" in **Ihrem** Keller zu entdecken! Also Vorsicht!

Karriere 3: Vitamin B
Der Kurzbegriff „Vitamin B" hat zwei Bedeutungen. Einmal steht der Stoff aus der Ernährungswissenschaft für **Beziehungen**. Dies ist seine sympathischere, aber weniger effektive Bedeutung. Zum zweiten wird er als Umschreibung für **Bestechung** benutzt - ein heißes Eisen, weniger aus moralischen, als aus kriminaltechnischen Gründen...

Beginnen wir mit Vitamin B1 - **Bestechung**.
Bestechung ist in Bezug auf Ihr Karriereziel äußerst wirkungsvoll und zweckmäßig, aber teuer. Zudem setzt die Bereitschaft zur Bestechung ein schwach ausgeprägtes Rechtsgefühl sowie einen äußerst anpassungsfähigen Charakter voraus. Nicht umsonst werden die mit dieser Zweckbestimmung fließenden Gelder „Schmiergelder" genannt. Achten Sie darauf, daß Sie auf dem Parkett des öffentlichen Lebens keine Schleimspur hinterlassen. Der Schmierende ist nämlich genauso unbeliebt wie der Geschmierte. Manchmal jedoch will ein Getriebe ohne entsprechendes Gleitmittel einfach nicht laufen.

Wichtig für diese unangenehme Situation kann auch die Größenordnung sein, in der Sie Ihrem Gegenüber die Scheine rüberschieben. Wer viel zu verlieren hat, riskiert dies nicht für ein Butterbrot. Und wenn jemand Ihren Versuch einer Begünstigung ablehnt, tut er dies aus Gründen seines Renommees nur zu gern laut und öffentlich - und Sie sitzen in der Tinte. Halbherzigkeiten erreichen also das Gegenteil des angestrebten Ziels. Hier liegt der Grund dafür, daß „der Düwel immer auf den groten Haufen scheißt". Ohne Moos nix los.

Gelungene Bestechung zeigt sich auf doppelte Weise effizient: Sie erreichen, wenn die Summe stimmt, Ihr gewünschtes Ziel.

Und, weitaus wirkungsvoller: Der Typ, der so dumm war, das Schmiergeld zu nehmen, hat eine „Leiche im Keller", von der Sie wissen! Womit auch schon klipp und klar gesagt ist, was jeder vernünftige Mensch mit Schmiergeldern jeder Höhe tut: sie ablehnen. Ganz davon abgesehen, daß man so morgens ohne Brechreiz in den Spiegel sehen kann - man erspart sich jede Menge zukünftigen Ärger.

Eine Spielart der Bestechung sind die kleinen Gefälligkeiten und Hilfestellungen, die man bestimmten Personen bei ihren Liebhabereien widerfahren läßt. Ein natürlich absolut fiktives Beispiel: Da sammelt ein Fernsehredakteur Kunst, und ein Produzent läßt ihm als kleine Aufmerksamkeit dies und jenes Original (so um die DM 500.000) zukommen. Was ist denn schon dabei? Wer wird denn da gleich den Rauch der Bestechung über den Hütten sehen? Daß besagter Produzent anschließend den Auftrag für die Endlos-Serie Typ „Blindenstraße" bekommt, steht natürlich in keinem erkennbaren Zusammenhang. Gott bewahre! Wer wird denn Böses vermuten, wenn der eine Sammler (Sammelobjekt: Geldscheine) dem anderen (Sammelobjekt: Kunst) unter die Arme greift? Andere beliebte Sammelgebiete in jenen Kreisen: Aktien, Juwelen, Grundstücke, ausländische Währungen, Ferraris oder Porsches, alte asiatische Plastik, High-Tech-Computer und ähnliches.

Nun zu Vitamin B$_2$ - den **Beziehungen**.

Knigges Ansichten sind - wie so oft - absolut rückständig:

> Suche nicht, Dir das Ansehen zu geben, als gehörest Du zu der Klasse der Vornehmen oder lebtest wenigstens mit ihnen in engster Vertraulichkeit. Rühme Dich nicht ihrer Freundschaft, ihres Briefwechsels, ihres Zutrauens, noch Deines Übergewichts über sie.

Wie soll man denn da Karriere machen, meint der Meister anderenortes doch selbst:

> Wir sehen manchen Redlichen fast allgemein verkannt.

Und:

> Jeder Mensch gilt in dieser Welt nur soviel, als wozu er sich selbst macht.

Na, also! Wenn Sie was werden wollen, sollten Sie wissen: Ohne Beziehungen läuft absolut nichts. Sehen Sie also zu, daß Sie „Beziehungen" bekommen. Alle machen es so, und Sie wären behämmert, wenn Sie es ließen. Das Prinzip dabei: eine Hand wäscht die andere. Der Mitmensch, der etwas für Sie tut, erwartet automatisch eine Gegenleistung. Nicht augenblicklich, nicht in barer Münze und nicht „offiziell". Doch seien Sie sicher: Er hat sich ein Guthaben bei Ihnen verbucht. Seine Bitte um Gegenleistung kommt so sicher wie das Amen in der Kirche.

Was ist zu tun, um in den Kreis der Auserwählten aufgenommen zu werden? Die Antwort ist simpel: Prahlen Sie in aller Öffentlichkeit mit Ihren Beziehungen. Lassen Sie hin und wieder beiläufig fallen, daß Sie mit Staatsrat Wonnepimpel in der Oper waren. Schon bald wird Dr. Klopp von der Klopp-AG bei Ihnen nachfragen, ob Sie nicht mal einen zwanglosen Termin mit Staatsrat Wonnepimpel arrangieren könnten. Oder offenbaren Sie verschämt, daß die große Regisseurin Margarete von Sülz eine gute Nachbarin von Ihnen ist. Drehbücher werden wäschekörbeweise in Ihr Haus flattern, die Sie, gegen kleine Gefälligkeiten, gern weiterleiten. Daß Sie auch nichts weiter tun, als die Dinger in einen neuen Umschlag zu stecken und an besagte Margarete weiterzusenden, muß ja niemand wissen.

Oder verlautbaren Sie unter dem Siegel der Verschwiegenheit, daß ein Freund von Ihnen in der Firma Schotter Inc. eine leitende Funktion bekleidet, auch wenn er nur als Empfangsbüttel die Gäste der Direktion durch die Vorhalle geleitet.

Sie werden sehen: Nicht lange, und Sie müssen nicht mehr bluffen. Bald haben Sie die besten Beziehungen.

Karriere 4: Gute Sitten, ade! - Solide Vetternwirtschaft

Eine spezielle Form der Karriereförderung stellt die sogenannte Vetternwirtschaft dar. Es handelt sich dabei um eine besondere Art der „Beziehungen", die über Leichen geht. Weder die Qualifikation noch die Kompetenz oder Potenz eines Partners spielt eine Rolle. Da bekommen Metzger Bauaufträge und Sonderschüler Honorare als Unternehmensberater. Wichtig ist nur, daß er, der Vetter eben, zum richtigen Stall gehört. Die Bindungen unter den Vettern können parteipolitischer, verwandschaftlicher, nationaler, regionaler, jagdlicher oder geheimbündlerischer Natur, altersstufen-, internats- oder gesangsvereinsbedingt oder sonstwie strukturiert sein. Fest steht jedenfalls: Der Stallgeruch muß stimmen. Von der Vetternwirtschaft zur Mafia ist nur ein Schritt. Sie müssen selbst wissen, ob Sie diesen tun wollen.

Vorteile der Vetternwirtschaft: Kein Konkurrent hat große Chancen, wenn der Laden richtig läuft. Der gewaltige Nachteil: Vetternwirtschaft ist, anders als im Falle der eleganten Protektion oder der sogenannten Beziehungen, oft so dummdreist offensichtlich, daß alle beteiligten Vettern sich mächtig ins eigene Fleisch schneiden.

Der Elefant im Porzellanladen - Feste & Feiern

Wie bereits im Kapitel „Vitamin B2 - Beziehungen" angedeutet, kommt es oft darauf an, im richtigen Augenblick im öffentlichen Leben in Erscheinung zu treten. Es ist ein langwieriger und mühevoller Weg, sich mit Manieren nach Knigge-Manier in das Bewußtsein der *happy few* hineinzulavieren. Wer stets unauffällig, ohne jeden *faux pas* und dezent im Hintergrund anwesend ist, wird vielleicht für einen Bestandteil der Einrichtung oder einen Gast der Bediensteten gehalten, aber nicht als Persönlichkeit von Rang angesehen. Es benötigt Jahre, um diese Einschätzung seiner Person durch seine Mitmenschen zu ändern - es sei denn, er verläßt den Rahmen der allgemeingültigen Benimm-Regeln. Denn auch hier gilt: Schlechte Presse ist besser als gar keine.

1. Vermeiden Sie jedes unauffällige Verhalten!
2. Tun Sie alles, um auf sich aufmerksam zu machen!
3. Nutzen Sie jeden Anlaß, so gut es geht! Fressen Sie sich durch, entführen Sie auf Hochzeiten die Braut oder den Bräutigam, nutzen Sie Polterabende zur Entsorgung Ihrer Rumpelkammer und vergessen Sie nie: Alle Feste, Feiern und Veranstaltungen in 50 Kilometern Umgebung finden eigentlich nur aus einem einzigen Grunde statt: damit Sie ganz groß rauskommen!

Performance für Ihr Ego - die Einladung

Hurra, geschafft! Sie sind im Hause derer von Kohlen und Halbacht eingeladen! Oder man wünscht Sie auf dem Empfang der Stadt im Rathaus zu sehen! Wie Sie an diesen ersten Kontakt zur Gesellschaft gekommen sind, spielt keine Rolle. Darüber schweigt man. Nun ist Ihre Chance greifbar nahe - nutzen Sie sie! Beachten Sie dabei die folgenden Faktoren:

Die richtige Kleidung zum richtigen Anlaß

Eine ganze Zeit lang sah es in der Vergangenheit ja so aus, als ob sich die rigiden Bekleidungsregeln der 50er und beginnenden 60er Jahre in Luft auflösen würden. Das lag weniger an der erstickenden Ausdünstung von Kunstfasern wie Nyltest als an den Zeiten der Studentenbewegung. Einigen Utopisten schwirrte sogar die Vorstellung vom Gammel-Look in den obersten Etagen der multinationalen Konzerne durch die Köpfe.

Zur Zeit schlägt das Pendel wieder in die entgegengesetzte Richtung, und eines Tages werden wir sicher wieder die freudlosen Tage des grauen Gruftie-Anzuges erreichen. Bis dahin allerdings bleibt uns hoffentlich noch etwas Zeit.

Nutzen Sie diesen Spielraum zur Selbstdarstellung! Beachten Sie die im Kapitel „Dressed to kill - Outfit" gesagten Aspekte, doch schränken Sie Ihre kreativen Eigenleistungen zunächst ein. Wenn Sie direkt beim *first date* mit der Tür ins Haus fallen bzw. im Papageienkostüm erscheinen, war das erste Rendezvous mit der Schicki-Micki-Gesellschaft auch Ihr letztes. Die *ingroup* läßt sich schließlich nicht von jedem Fuzzy die Show stibitzen! Vermeiden Sie - noch - allzu gewagte Provokationen. Wenn Ihr Ego Bestätigung braucht und Sie sich selbst beweisen müssen, daß Sie sich nicht kritiklos den Konventionen beugen, können Sie ja ein Blatt Kopfsalat als Stecktuch zu Ihrem Abendanzug tragen - oder Turnschuhe zum Frack. Hemden im Dschungel-Design nimmt man Ihnen jetzt noch übel. Erst sollten Sie zur Mediengröße aufsteigen - bekloppt, aber so isses.

Erscheinen Sie um Gottes Willen zum ersten Abendempfang bei Konsul Zopf nicht in Bermudas oder gar im Taucheranzug.

Auch Adams- bzw. Evaskostüme und ihre Abwandlungen sollten Sie sich noch verkneifen. Tragen Sie schicke Konvention (es muß nicht *Konfektion* sein!). Wichtig ist in dieser Phase zuerst einmal: Sie wollen hinein. Wenn Sie drin sind, sehen wir weiter.
Eines können Sie sich auf jeden Fall abschminken: Jeans schocken nicht mehr - allenfalls noch zum Antrittsempfang des neuen Papstes. Eher weisen die blauen Röhrendinger darauf hin, daß Sie ein Vollspießer sind. Wenn Sie zu den Jeans auch noch Cowboystiefel tragen, wird Sie jeder als den Mantafahrer erkennen, der Sie tief in Ihrem Innersten sind. Anders ausgedrückt: Weg mit den „Nietenhosen", Sie Niete!
Für zukünftige Schockveranstaltungen in Ihrer gesellschaftlichen Karriere jedoch können Sie sich schon hinreichend ausrüsten. Hier eine Liste der für die wichtigsten *dates* unerläßlichen Kleidungsstücke.

Der Anti-Knigge-Bekleidungsratgeber

Anlaß	**Kleidungsvorschlag**
Katerfrühstück bei Kim Basinger	männlich: gestreifter Schlafanzug von Opa weiblich: Nachthemd, lang
Brunch in der Galerie Döspaddel	männlich und weiblich: Asi-Trainingsanzug (massiv Kunstfaser) in Olympiatürkis/ Borisblau/ Steffipink
Mittagessen bei Stadtrat Duck	männlich: Bermudashorts & Schweißhemd/ Stirnband im farblich abgestimmten Schizo-Design oder Tarzan-Schurz weiblich: Suntop & Minishorts
Kaffeekränzchen bei Irmi Klemm	männlich: gestrickter Strampelanzug in Babyblau weiblich: gestrickter Strampelanzug in Babyrosa

Teestunde bei m Grafen Zock	männlich und weiblich: Bodystocking oder Strapse; Federboa
Cocktailparty bei Neureichs	männlich: Frack! Unbedingt Frack! Alle Karnevalsorden anlegen! weiblich: großes Abendkleid!
Weinprobe im Ratskeller mit dem Stadtrat	männlich: Gammler-Parka weiblich: das Oben-Ohne-Kleid aus den Sechziger Jahren
Grillparty in der transsardinischen Botschaft	männlich und weiblich: Asbestanzug oder Brathähnchenkostüm; zumindest Grillschürze
Dinnerparty beim Papst	männlich: Teufelskostüm weiblich: Eva
Mitternachtsimbiß bei Hugh Hefner	männlich: Ritterrüstung oder Draculakostüm weiblich: Keuschheitsgürtel
Theaterpremiere	männlich: Taucheranzug weiblich: Putzfrauen-Outfit
Vernissage: Beuys-Retrospektive	männlich und weiblich: Filzanzug; Affenschmalzhut

So ausgestattet, werden Sie zu jedem Anlaß das Unpassendste finden. Noch ein Wort zum Thema Tradition: Die ganz große Schau reißen Sie, wenn Sie statt Smoking oder Dinnerjacket nach alter Gepflogenheit den *Cut* oder *Stresemann* wählen. Der Gastgeber wird in seinem affigen Spenzer neben Ihnen aussehen wie ein Chorknabe.

Der richtige Transportweg
Sie glauben gar nicht, wie wichtig es ist, *wie* Sie den Ort der Veranstaltung erreichen. Alle, alle lauern sie, wer mit welchem fahrbaren Untersatz eintrifft. Wer mit dem Fahrrad kommt – es sei denn, es ist ein vergoldetes Designerstück zu DM 8.000.-

kriegt keine zweite Chance. Auch solche Zeitgenossen, die in ihrem Opel Vectra oder Renault 19 vorfahren, haben keinen zweiten Versuch. Ein für allemal: *out*!

Und jetzt denken Sie um Gottes Willen nicht in diese kuriose Richtung weiter! Nein, Sie mieten *keinen* Rolls Royce mit Chauffeur! Den glaubt Ihnen ohnehin keiner! Wenn Sie schon unbedingt irgend etwas mieten müssen, um mal wieder mit Ihrer Kreditkarte zu protzen, dann wählen Sie einen kleinen Mercedes oder BMW oder einen smarten Exoten (Lancia oder Maserati). Das genügt. Man beschränkt sich ja heute.

Ein weitaus besserer, weil sparsamer Weg (Schließlich wollen Sie ja nicht nur Ansehen, sondern auch Reichtum erwerben!): Fahren Sie Taxi. Taxifahren ist neutral und schichtenübergreifend beliebt (oder unbeliebt).

Absolute Kenner fahren mit der U-Bahn, steigen eine Station früher aus, kommen also zu Fuß und erklären auf Nachfrage, sie hätten ohnehin noch in der Gegend zu tun gehabt, z.B. im Hotel Maritim oder im Ministerium oder im Bundesverwaltungsamt. Das klingt gut und glaubhaft.

Und zum Schluß der Dämpfer für die Kreativen: Vermeiden Sie in dieser Phase Ihres sozialen Aufstiegs Extravaganzen! Fahren Sie weder mit dem Traktor zum Bankett noch mit dem amerikanischen Asi-Cabrio in Nachtjacken-Gelb vor dem Opernhaus vor! Noch kennt Sie niemand, und erst wenn Sie *der* Ferdi Müller sind, schlagen sich alle begeistert auf die Schenkel: „Ach, guck mal, wie nett! Der Ferdi Müller kommt mit dem Mähdrescher! Wie kreativ! Wie einfallsreich!" Zugegeben: Ganz schön doof.

Sei streng, pünktlich, ordentlich,
fleißig in Deinem Berufe!

Knigge

Zu spät, zu früh, zu lange oder unerwartet - der Faktor Zeit

Nicht nur, *womit* Sie vorfahren, ist von Bedeutung. Ebenso wichtig: *wann*. Im allgemeinen gilt die kürzlich in der Süddeutschen Zeitung veröffentliche Grundregel (sinngemäßes Zitat):

Wer zu spät kommt, den mag man nicht; denjenigen, der zu früh kommt, noch weniger, und wer pünktlich ist, der macht sich von vornherein verdächtig.

Für den Alltagsgebrauch sagt uns diese ausweglose Einschätzung wenig. Hier gelten die drei simplen Merksätze für effektives Zeitmanagement:

1. Zu früh kommen nur Provinzler und Ärsche!

Wer es gar nicht erwarten kann und bereits satte 30 Minuten zu früh auf der Matte steht, ist - gesellschaftlich gesehen - ein behandlungsbedürftiger Kranker oder eben ein dummer Wichser. *Ejaculatio praecox* beim *coitus socialis*. Aus. Ende. Nicht mal der Portier grüßt mehr.

2. Pünktlich kommen nur Zwangsneurotiker und Spießer!

Wer sich bemüht, sklavisch dem Sekunden- oder Minutenzeiger der Uhr zu folgen, kann kein Mensch von Bedeutung sein. Prominente und Menschen von Wichtigkeit ignorieren sogar den Stundenzeiger - aber sie achten immerhin aufs Datum.

3. Persönlichkeiten von Rang kommen immer zu spät.

Sicher ist jedenfalls: Auf die *créme de la créme*, Menschen von Bedeutung also, wartet man. Nur unbedeutendes Volk steht auf Abruf zur Verfügung. Erst wenn der Gastgeber und alle übrigen Gäste alle Stufen emotionaler Erregung von freudiger Zuversicht („Hast du schon gehört? Gulzenbichler kommt!") bis Panik („Wo bleibt denn nur dieser Gulzenbichler? Es wird ihm doch nichts passiert sein?") durchlaufen haben, ist die Bühne für Ihren großen Auftritt bereitet.

Wenn es Ihnen Probleme macht, unpünktlich zu sein: Stellen Sie einfach Ihre *Swatch* oder Ihre *Tchibo-Uhr* 53 Minütchen bis zwei schlappe Stündchen zurück und seien Sie pünktlich wie bisher. Alles stimmt perfekt und Sie nehmen Ihre Termine formvollendet wahr. So soll es sein!

Noch ein wichtiger Hinweis: Sparen Sie sich jede Entschuldigung für Ihr Zuspätkommen! Ein „Ich bin absolut untröstlich!" oder gar „Sie sehen mich völlig am Boden zerstört!" zerschlägt den Effekt Ihres genau terminierten Zuspätkommens augenblicklich. Nur Softies und Kleingeister entschuldigen sich! Da wäre es sogar besser, Sie kämen pünktlich...

„Gestatten, Molzer!" - Die Vorstellung
Kein Mensch von Bedeutung stellt sich mehr vor. Nein, die anderen haben schließlich ganz von allein zu wissen, mit wem sie es zu tun haben! Deshalb können Sie die uralten Riten über Ihre Vorstellung in Gesellschaft vergessen. Fragen wie: „Wird der Herr zuerst der Dame vorgestellt oder umgekehrt?" oder „Wird der junge Hüpfer zuerst mit dem Gruftie bekanntgemacht oder umgekehrt?" brauchen Sie nicht zu kümmern. Auch Vorstellungsfloskeln - vom militärisch kurzen „Meier!" bis zum völlig behämmerten „Tach, ich bin der Holger, ne!" - kommen Ihnen nicht über die Lippen. Allenfalls stecken Sie Ihrem Gegenüber eine Visitenkarte ins volle Sektglas, wenn er oder sie unbedingt wissen will, wer Sie sind. Das muß genügen.

**Das Gastgeschenk und andere Strategien,
um einen Gastgeber zu beleidigen**
Ihre Chancen, aufzusteigen, beginnen beim Gastgeschenk. Auch beim ersten Empfang im Hause können Sie bereits auf nachdrückliche Weise auf sich aufmerksam machen. Und hier dürfen Sie auch wieder die drei schöpferischen Zellen Ihres Hirns zu Tätigkeit anstacheln. Dabei sollten Sie berücksichtigen, daß Sie versuchen in Kreise vorzudringen, in denen
a) jeder alles hat bzw.
b) die Dinge, die man noch nicht besitzt, nicht haben will
c) oder die Dinge, die man noch nicht besitzt und besitzen möchte, für Sie unerschwinglich sind.
Ihre einzige Chance: Einfallsreichtum.

Sag es durch die Blume
Immer noch beliebt als Gastgeschenk, weil an jeder Ecke zu haben: Grünzeug. Blumen gehen immer, auch aus dem Garten des Gastgebers. Der wird sich kaum trauen, Sie als Blumenräuber bloßzustellen, weil Ihr frischer Riesenstrauß ja schließlich doch aus einer Gärtnerei stammen könnte. Nicht nur bei solchen arg dreisten Rupfaktionen - auch sonst kann man mit Blumen einige Freude bereiten.

- Der Strauß Friedhofsblumen (Chrysanthemen, weiße Lilien) gemahnt den Gastgeber und seine Familie nett an das Ende ihrer Tage.
- Beachten Sie die Blumensprache! Rote Rosen (= innigste Liebe) als Geschenk der weiblichen Besucherin an den Gastgeber lockt dessen Frau aus der Reserve. Veilchen oder anderes zartes Blattwerk von Mann zu Mann geben der Dame des Hauses zu denken.

Immer beliebt: Süße Schweinereien und flotte Nettigkeiten
Schenken Sie nach den wahren Bedürfnissen Ihrer Gastgeber!
- Gerade rubenshaft geformte Frauen werden es zu schätzen wissen, wenn Sie als Gastgeschenk eine Mammutpackung Pralinen oder eine Kompanieportion Nougat überreichen.
- Plastikfeuerzeuge mit Stadtwappen eignen sich ausgezeichnet als Universalgeschenk für Nichtraucher.
- Hobbykunst für den Galeristen, z.B. bemalte Kiesel oder rustikale Wurzelholzschnitzereien, weisen Sie als Gast mit Lebensstil aus. Vertreter der Avantgarde schätzen mit Bauernmalerei verzierte Milchkannen als Schirmständer besonders.
- Beliebt sind auch Mitbringsel für die lieben Kleinen: Kriegsspielzeug befriedigt unterdrückte Bedürfnisse beim Sohn des Lehrers. Riesige Zuckertüten kommen bei Kindern in makrobiotisch zwangsernährten Haushalten ganz groß an, während Groschenromane Typ „Wenn das Schicksal sich 'nen Chefarzt krallt" die Tochter des Schriftstellers beglücken.

> Man kann sich keine Niederträchtigkeit denken,
> derer ein Geizhals nicht fähig wäre.
>
> Knigge

Die Spendenstrategie
Verdammt. Geschenke kosten Geld! Mein Geld! Irgendwo in der Abstellkammer vergammelt noch dieses unpraktische Monstrum, eine Küchenmaschine, die zwar in zwei Sekunden ein komplettes Rind zu Hackfleisch verarbeitet, zu deren Reinigung aber ein Heer von 12 Hausangestellten drei Jahre braucht. Tante Helga schenkt immer so praktisch. Wie schön wäre es, wenn Sie dieses herrlich überflüssige Gerät weiterverschenken könnten - beim Empfang der Herzogin von Windsor heute abend...
Doch Vorsicht: Bleibenden Eindruck hinterlassen Sie zwar, wenn Sie der Herzogin diese wunderbare Küchenmaschine schenken. Ob Sie sich künftig zu den Vertrauten derer von Windsor rechnen dürfen, ist fraglich. Richtig liegen Sie aber, wenn Sie der Herzogin die eben genannte Küchenmaschine schenken - verbunden mit dem Hinweis, sie sei als Spende für das öffentliche Asyl der in Schwermut gefallenen Fernsehredakteure gedacht. Applaus, Presseberichte usw. sind Ihnen gewiß. Weitere „Spenden" der Art, deren Annahme Ihnen niemand abschlagen kann:

- Ihr Campingzelt für die Obdachlosen der Stadt
- Ihr alter Muskelschmalz-Rasenmäher für das Städtische Kinderheim
- Ihr Konversationslexikon von 1903 als nostalgische Lektüre fürs Altenheim
- Ihr VW Golf Baujahr 1971 als ideales Transportmittel für den Kleingartenverein „Grünes Glück"
- Tante Elses altes Sofa mit dem abgebrochenen Bein und der durchgewetzten Sitzfläche für die Teestube der drogengefährdeten Jugendamtsmitarbeiter

Sie sehen: mit etwas Fantasie wird man selbst Sperrgut als Gastgeschenk los! Aber Vorsicht! Hüten Sie sich davor, ungedeckte Spendenschecks zu verschenken!

Die Spaßstrategie
Jack-in-the-Box funktioniert seit einigen hundert Jahren. Der Gastgeber öffnet das Geschenkpaket und heraus schnellt ein Springteufel! Wie ungemein lustig! Oder es ist eine Kiste in der Kiste, und in dieser Kiste wieder eine Kiste... Hahaha! Oder die Kiste explodiert. Das nennt man dann Bombenanschlag. Diese Art von Gastgeschenk beendet jedoch den gesellschaftlichen Anlaß etwas früh, weshalb man davon absehen sollte.

Weitere „Spaßgeschenke":
- zuschnappene Alligatoren
- leicht erregbare Stinktiere
- mit Schwefelwasserstoff (Faule Eier!) oder Knallgas (Peng!) gefüllte Ballons
- explodierende Farbbeutel im Blumenstrauß
- ausgehungerte fleischfressende Pflanzen
- nackte Männer bzw. Frauen in großen Torten u.v.m.

Das ganz persönliche Geschenk
Nur das absolut Individuelle überzeugt. Richten Sie sich nach den Vorlieben Ihrer Gastgeber, und Sie werden immer ein gern gesehener Gast sein!

Richter Ganzel hat eine Vorliebe für Gummiwäsche.
Frau Dr. Jück steht auf Weinbrand.
Herr Dotter mag Lolita-Pornos.
Frau Hollengruber liebt Tageszimmer im Hotel.
Herr Fleck hat schätzt ausländische Geldscheine.
Und Frau Holle-Kickmeier mag schönen weißen Schnee.

Richten Sie sich danach! Und vermeiden Sie es, Ihr Geschenk übermäßig zu verpacken! Erst im Lichte der Öffentlichkeit erstrahlt es in voller Pracht!

Das großzügige Geschenk
Ihnen fällt gar nichts mehr ein? Dann muß Sie schiere Größe retten! Warum verschenken Sie nicht einen badezimmergrünen Trabi, einen ausgestopften Iguanodon (= Saurier aus der Kreidezeit) oder eine Litfaßsäule mit Ihrem Portrait? Ihre Gastgeber werden tief beeindruckt sein!

So, nun sind die Initiationsriten überstanden, und wir wenden uns dem nahrhaften Teil des Abends zu.

Tischsitten 1: Der beste Platz ist der richtige - Sitzordnung
Die absolut unverständliche Unsitte, durch Nähe zum Gastgeber oder durch Ferne von demselben Hierarchien auszudrücken, kommt wieder in Mode. So sitzt beispielsweise der Ehrengast stets rechts neben der Gastgeberin oder Hausfrau, damit diese ihm die fettesten Bissen hinüberschieben kann. Lassen Sie sich so etwas nicht bieten! Freie Platzwahl für freie Bürger!

Welches aber ist der beste Platz? Es kann einmal der Platz sein, der den besten Start zum Büfett erlaubt. Kenner bewerten die Qualität der eventuell in Frage kommenden Positionen nach einem Punktesystem. Ein Platz mit drei Kaviarpunkten, zwei Getrüffelte-Gänseleber-Punkten und einem Lachs-Bonuspunkt ist immer richtig.

Verzichtet man auf eine Freßrallye am Büfett und wird das Essen *peu à peu* serviert, so sollten Sie einen Platz in der Nähe der Küche anstreben. Nur so erreicht Sie Ihre Nahrung frisch und heiß.

Die Unart, feste Plätze durch Tischkarten zuzuweisen, nimmt ein Profi-Gast gar nicht zur Kenntnis. Die Trennung von Paaren aus kommunikationstechnischen Gründen sollte verboten werden. Nur der junge Mann, der seinen Stuhl frei wählen kann, findet sein mütterliches Glück bei der Dame mit dem größten Ausschnitt. Nur die in Sachen Sitzplatz autarke junge Frau landet bei dem seriösen Herrn mit den grauen Schläfen, in dessen Filmfirma sie schon immer mal hineinschnuppern wollte.

Auf den Gastgeber sollten Sie bei der Wahl Ihrer Position auf keinen Fall Rücksicht nehmen. Meist ist sein Platz ohnehin der beste, der eigentlich Ihnen zusteht. Ein flottes „Schieb ab, Alter!" schafft hier Raum.

Tischsitten 2: Urkraft Hunger - Wozu Messer und Gabel?

Empfang mit Dinner. Auch hier haben Sie die lästige Phase des Händeschüttelns und der Begrüßungsreden hinter sich gebracht, und endlich beginnt der erfreulichere Teil der Festivitäten. Der Butler verkündet mit unterkühlter Stimme: „Es ist angerichtet!", und Sie schießen augenblicklich aus den Startlöchern, um Ihren Platz an der Futterkrippe einzunehmen.

Wie herrlich diese Worte in ihren Ohren klingen: „Es ist angerichtet!" Mal sehen, was Sie jetzt so anrichten können!

Seien Sie vorab gewarnt: Unverständlicherweise gewinnt Knigges Einschätzung der Tischsitten wieder an Raum. Allenthalben versuchen Menschen krampfhaft, das richtige Glas zum richtigen Wein und das passende Messer zum Pottwal-Filet zu verwenden. Tag für Tag verunglücken Dutzende Feinschmecker beim Umgang mit so gefährlichen Instrumenten wie Hummerzangen oder verkühlen sich beim Verzehr von Wachteln die Extremitäten in Fingerbowlen voller kaltem Wasser. Wieder andere ersticken an versehentlich verschlungenen Stoffservietten oder versterben vor Scham, weil sie sich versehentlich einen Finger abgeleckt haben.

Gestandene Unternehmer verpatzen ihre gesamte Zukunft, weil sie beim Aufstehen bei Tisch ihr Designerjacket zu schließen vergaßen oder weil sie beim Dessert das Obst nicht mit dem Obstbesteck, sondern nach der paradiesischen Methode - mit dem eigenen Gebiß - traktiert haben. Unvorstellbar!

Auch wie man einen Tisch deckt, ist Ihnen natürlich völlig wurscht. Schließlich wollen Sie ja keine Orgie ausrichten, sondern zu möglichst vielen eingeladen werden. Und als Gast haben Sie keine hohen Ansprüche. Meißner Geschirr, massives Tafelsilber, Kristallglas, ein paar nette Wildorchideengestecke genügen.

Welchen Wein man in welches Glas gießt und welche Speise auf welchem Teller liegt, berührt Sie nicht im geringsten. Weißwein-, Dessertwein-, Sherryglas. Likörschale, Cognacschwenker, Cognacglas - da schwirrt einem ja der Kopf! Obstmesser, Austerngabel, Gourmetlöffel, Menümesser, Fischgabel - das reinste Waffenarsenal! Unter-, Platz-, Tafel-, Suppen- und Brotteller - da vergißt man vor lauter Gerätschaften ja zu essen. Einsichtig, daß bei einer derartigen Einschränkung der Speiseaufnahme durch spezielle Werkzeuge und besondere Tischregeln kaum ein Gast satt werden kann. Außer Ihnen natürlich, denn Sie als lockerer, von allen Tischritualen weit entfernter Mensch sind in erheblichem Vorteil.

a) Durch Ihren unkomplizierten, geradezu archaischen Umgang mit den Nahrungsmitteln vermeiden Sie Frustationen und taktile Blockaden. Messer, Gabeln, Löffel und andere Hilfsmittel unterbrechen nur den natürlichen Energiefluß z.B. zwischen Kartoffelsalat und menschlicher Fingerkuppe.
b) Weil Sie die Benutzung unpraktischer Spezialwerkzeuge vermeiden, können Sie in weitaus kürzerer Zeit erheblich mehr Nahrung einschaufeln als Ihre Tischnachbarn.
c) Ihre Tischnachbarn sind dermaßen mit der Einhaltung der komplexen Tischregeln befaßt, daß Sie Ihnen getrost einmal den einen oder anderen leckeren Happen vom Teller fischen können. Man muß schließlich sehen, wo man bleibt.
d) Selbst der Einsatz so effektiver Hilfsmittel wie Tischharpune, Teleskop-Greifarm oder Rotwein-Turbopumpe fällt kaum auf. Mit einem dezent unter dem Tisch plazierten Rucksack plus Kanister können Sie nachher exzellente Vorräte für die nächsten Wochen wegschleppen. Keine Angst, unter dem Tisch herumzuwerkeln - jeder wird glauben, Sie fummelten Ihrem Tischnachbarn/Ihrer Tischnachbarin am Knie herum und dazu schweigen.
e) Seien Sie sicher, daß Ihr lustbetontes Verhalten Schule machen wird. Alle halbwegs intelligenten Tischgefährten wer-

den schon nach kurzer Überlegung Ihrem Beispiel folgen und Freistil statt Pflichtübung praktizieren. Sie werden sehen: Schon bald werden Knorpel und Knochen durch die heiligen Hallen fliegen, fröhliche Trinksprüche durch dieselben schallen, untermalt vom unvergleichlichen Klirren zerberstender Kristallgläser. Auch Ihre locker-flockige Sitzhaltung wird bald von allen imitiert. Nur der Gastgeber wird vielleicht gewisse Vorbehalte Ihnen gegenüber nicht ausräumen können. Helfen Sie ihm mit ein paar aufmunternden Worten, in denen Sie z.B. seine Eßleistungen preisen: „Mensch, Willi, altes Kaloriengrab! Das ist jetzt schon die achte Wachtel, die du verkasematuckelst! Spitze, Mann!"

f) Ihre steinzeitlich bis mittelalterlich anmutenden Manieren werden Sie bei Ihren Mitmenschen im Lichte des großzügigen Lebemannes (der Lebefrau) erscheinen lassen - die ideale Basis z.B. für günstige Geschäftsabschlüsse.

Noch einige Hinweise auf Besonderheiten der feinen Küche:
- Schnecken, Muscheln, Nilpferd, Känguruh, Hummer (s. folgendes Kapitel), Artischocken, Langusten, Hähnchen, Krebse, Scampi, Seegurken, Kartoffelpuffer, Breitmaultapir und geeiste Quallen darf man mit der Hand essen. Nach Quallen darf man sich sogar recht freizügig übergeben.
- Die zu obigen Gerichten gereichte Fingerschale mit Zitronenwasser eignet sich nicht nur zum Reinigen der Hände, sondern enthält mit der Zeit auch ein vollaromatisches Getränk.
- Apropos Schnecken: Knuspern Sie doch zum Nachtisch die netten braunen Häuschen weg! Es ist sowieso eklig, daß die Dinger immer wieder mit neuen Schnecken gefüllt und dann wieder ausgelutscht werden.
- Fisch darf man getrost mit dem Messer, aber auch mit dem Tortenheber essen, wenn dieser nicht gerade für die Torte gebraucht wird.
- Auch Kartoffeln darf man mit dem Messer schneiden. Ebenso ist es gestattet, Kartoffelbrei mit der Klinge an die gegenüberliegende Seite der Tafel zu schnippen, wenn es dort daran fehlt.
- Eier köpft man heutzutage mit der Handkante. Das aparte gelbweiße Muster an den Wänden zahlreicher Frühstücksräume in deutschen Hotels rührt von dieser schönen, fast schon folkloristischen Sitte. Nach dem Köpfen des Eis pflegt man ein Gläschen Eierlikör herunterzuwürgen.
- Spargel darf sowohl mit dem Messer geschnitten, als auch direkt aus der Dose gelutscht werden. Der Genießer trinkt jedoch das Dosenwasser weder pur noch selbst, sondern vermengt es in der Dose mit ein wenig Weißwein, Senf, Wodka, Béchamel- oder Worcestersauce. Nach gutem Ver-

quirlen reicht er die Dose seinem Tischnachbarn, der wechselseitig ebenso verfährt. Es ist heute auch durchaus erlaubt, mit der Spargeldose anzustoßen. Das Getränk, *Spargoletto* genannt, schmeckt in etwa wie ein außerirdischer Magenbitter.

- Austernesser dürfen ihr Lieblingsessen ebenso aus der Schale schlürfen wie vernünftige Menschen Ihr Pils aus dem Glas. Aber Vorsicht: Austern machen zwar geiler als Pils, Pils aber blauer als Austern! Wenn Sie Ihr Pils aus der Austernschale schlürfen, hatten Sie genug!

Tischsitten 3: Was man einem Hummer bei Tisch alles antun kann
Die bereits angesprochen Regeln für den Verzehr übermäßig gepanzerter Krustentiere und für den Umgang mit hierfür konstruierten Spezialgeräten werden Ihnen sicher nur ein müdes Lächeln entlocken. Wenn Sie Hummer essen, dann natürlich auf Ihre ganz persönliche, kreative Art.

Hier einige Vorschläge für eine Schalentier-Performance, an die alle Gäste sich lange und mit Vergnügen erinnern werden:

1. Ergreifen Sie den Hummer, ohne zu zögern und ohne auch nur im Traum daran zu denken, daß er womöglich für mehrere Personen bestimmt sein könnte. Ein ganzer Hummer pro Gast ist natürlich ein Muß.

2. Zerreißen Sie das Tier in der Luft. Achten Sie dabei darauf, daß es immer hübsch kracht - wozu hat denn das Biest den harten Panzer? Alte Kampf- und Jagdrituale schwingen mit, wenn Sie sich, den delikaten Hinterleib des Beutetieres zwischen den Zähnen, seine Zangen hinters Ohr oder an die Brille stecken. Ob Gamsbart, Saupinsel, Geweih oder Hummerzange - Trophäe muß sein!

3. Werfen Sie nun alle überflüssigen Hummerreste und Requisiten - Kopf, Beine, Besteck, Teller, Messer usw. - im weiten Bogen von sich; das hat etwas Freigiebiges. Der Jubel Ihres Publikums ist Ihnen meist sicher.

4. Saugen Sie alsdann den Hummerschwanz unter lustvollem Grunzen aus. Zerfetzen Sie zwischendurch unter Knurren jeweils ein weiteres Stück der Außenhülle mit den Zähnen. Langsam kommt im Saal eine erotisch-animalische Stimmung auf.

5. Schlucken Sie den letzten Bissen unter leidenschaftlichem Stöhnen herunter, stoßen Sie sodann einen Urschrei der Befreiung aus.

6. Nun gibt es zwei Möglichkeiten: Entweder war Ihre Performance überzeugend. Dann haben Sie damit eine wahre Orgie lukullischer Sinnlichkeit initiiert. Oder Sie waren schlecht. Oh, oh! Versuchen Sie nun, so unauffällig wie irgend möglich den Raum zu verlassen! Weichen Sie unbedingt weißgekleideten Herren mit Zwangsjacken aus!

Tischsitten 4: Der Kampf ums Dasein - das Büfett
Die Zeit großer Überlebensprüfungen liegt hinter uns. Kein Höhlenbär sieht uns mehr als herumlaufendes Frischfutter, kein Säbelzahntiger spielt mit uns Katz und Maus, kein feindlicher Stamm trachtet uns mehr nach dem Leben. Doch der urzeitliche Kampf ums Dasein, um die tägliche Nahrung, ist noch nicht ganz ausgestanden.

Hin und wieder finden sich für jedermann Gelegenheiten, Überlebensfähigkeit auch unter extremen Bedingungen unter Beweis zu stellen: kalte oder auch warme Büfetts. Vermutlich sind diese Veranstaltung deshalb so beliebt, weil hier noch ungeschmälert das Recht des Stärkeren oder Schnelleren gilt.

Wenn Sie nun allerdings naiv und gutgläubig abwarten, was nach der Ansage: „Das Büfett ist eröffnet!" auf Sie zukommt - na, dann Gute Nacht! Sie werden im wahrsten Sinne des Wortes keine Schnitte kriegen!
Eine wirkliche Aussicht auf hochwertige Kalorien besitzen Sie nur, wenn Sie folgende Tips zu Strategie und Taktik beherzigen:

1. Präparieren Sie sich richtig! Anzugtaschen bzw. Dekolleté mit wasserdichter Folie auskleiden! Schuhe mit Spikes und Stahlkappen wählen! Seitlichen Rammschutz unter der Oberbekleidung anlegen! Elektrischen Bullenschocker einstecken! Teller unter dem Jackett bereithalten!

2. Sorgen Sie für eine hervorragende Startpostion! Nur die erste Angriffswelle hat eine echte Chance! Meiden Sie Stolperkanten (Teppich!) und Stufen!

3. Präparieren Sie das gegnerische Terrain! Etwas Schmierseife oder eine Bananenschale wirken insofern Wunder, als nicht nur ein Gegner, sondern der gesamte Frontabschnitt in einem kollosallen Massensturz blockiert wird. Sie haben freie Bahn!

4. Schalten Sie einzelne, besonders gefährliche Konkurrenten aus! Binden Sie dem Baron von Schluck-Gourmand heimlich die Schuhriemen zusammen! Verhaken Sie das Kleid der dicksten Dame im Saal unauflöslich mit einer Zimmerpflanze. Verstreichen Sie Sekundenkleber auf dem Teppichboden unter Ihren Konkurrenten!

5. Starten Sie blitzschnell und ohne jeden Skrupel! Üben Sie zu Hause den Antritt! Könner erreichen selbst im Training die Werte eines Sportmotorrads - in 3,5 Sekunden von 0 auf 100 Kalorien.

6. Schlagen Sie keine Haken! Das verlängert den Weg unnötig! Ein gelegentlich seitlich ausgestelltes Bein hingegen erweist sich als äußerst effizient: Es bringt gleich schnelle Wettbewerber zum Sturz.

7. Steuern Sie dennoch schnurstracks auf das teuerste Lebensmittel (in der Regel: Beluga-Kaviar) zu und greifen Sie alles ab, was Sie erreichen können.

8. Deponieren Sie augenblicklich Ihren vollen ersten Teller an geeigneter, bereits zuvor ausgewählter Örtlichkeit und nehmen Sie den zweiten, bereitstehenden Teller zur Hand.

9. Nun ist das Büfett blockiert. Es gibt zwei Möglichkeiten:

a) Lösen Sie Feueralarm aus. Meist erweist sich dieser Trick als unbefriedigend, weil Profis am Büfett heutzutage auch bei Katastrophen weitergrapschen.

b) Bringen Sie mit gekonnten Ausfall-Fegeschritten alle Konkurrenten, die Ihnen den Zugang blockieren, zu Fall. Auch ein energischer Ruck am zuvor vor dem Büfett plazierten Läufer leistet Enormes.

10. Nutzen Sie das entstehende Chaos für sich und ergreifen Sie nun von jedem Gericht eine ausreichende Kostprobe. Lassen Sie sich dabei nicht durch Krankenwagenbesatzungen oder Notärzte behindern. Kenner benutzen in dieser Phase ihre Mayonaise-Bazooka. Am Büfett gilt, wie gesagt, das uneingeschränkte Recht des Stärkeren.

11. Ziehen Sie sich unter Mitnahme Ihres ersten Tellers auf neutrales Terrain (Garderobe, Toilette, Bibliothek) zurück. Schienen Sie Ihre Brüche. Nähen Sie abgerissene Gliedmaßen wieder an! Verbinden Sie Ihre Wunden und genießen Sie dann die Früchte Ihres Erfolges! Bei Kaviarvergiftungen und Eiweißschock wählen Sie einfach 110.

12. Die statusfördernde Komponente Ihres Erfolgs am Büfett: Wer sich in der Schlacht um Delikatessen durchzusetzen weiß, ist auch im täglichen Konkurrenzkampf kein Versager. Man weiß Ihr Durchsetzungsvermögen zu schätzen. Seien Sie auf Angebote aus Industrie und Politik gefaßt.

Übrigens: Den genauen Aufbau eines Büfetts - auch dafür gibt es kleinliche Regeln - brauchen Sie nicht zu kennen. Behalten Sie nur immer die Platten mit dem Fleisch und den Delikatessen im Auge. Beim u-förmigen großen Büfett finden Sie die besten Köstlichkeiten vermutlich immer dort, wo die Dekoration am aufwendigsten ist.

Auch hier: Keine Hemmungen! Räumen Sie die Tischdeko gnadenlos ab! Schweinsköpfe mit Äpfel im Mund, wie eine Modelleisenbahn ausstaffierte Torten, vielsagend füllige Obstarrangements - fort damit! Schließlich ist ja alles zum Essen da! Greifen Sie voll zu, auch wenn es nachher aussieht wie bei McDonalds im Müllcontainer.

Und noch ein Hinweis auf eine Gefahr: Immer mehr Gastgeber „entzerren" ihr Büfett, damit es nicht zu Gedränge und Rangeleien kommt. Das bedeutet, sie plazieren die Fressalien gleich auf mehreren Tischen in der gesamten Behausung verteilt. U.U. laufen Sie sich bei der Nahrungssuche mächtig die Hacken wund. Auf gutes Schuhwerk achten!

**Die Urkraft des Elementaren -
Rülpsen, Furzen, Schreien, Lachen**
Spätestens nach Ihrer dritten Einladung geht Ihnen der immer gleiche akustische Hintergrund auf den Geist, dieses schickliche Gemurmel, gedämpfte Kichern, die dezente Musik. Ihnen fehlt etwas, und vor allem befürchten Sie, selbst unbeachtet in dieser formlosen Masse Mensch unterzugehen. Keine Sorge, Sie haben alles dabei, um sich zu retten.

Aus dem Verdauungstrakt nach oben abgegebene Luft erzeugt vollmundig röhrende, sonor klingende Geräusche, das sogenannte Rülpsen, das gleich jedermann für Sie einnehmen wird. Aus dem Verdauungstrakt nach unten abgegebene Gase untermalen das eben beschriebene Ereignis nicht nur mit einem urigfeuchtsatten Klangteppich, sondern erfreuen auch mit flatulenten Düften die Nasen Ihrer Tischgefährten

Ästhetisch rund wird das Klang- und Aromaereignis durch Ihr herzhaftes Bauarbeiterlachen, die markigen Schläge auf Rücken oder Kopf Ihres Tischnachbarn und das unvermeidliche Luther-

Zitat: „Warum rülpset und forzet Ihr nicht - hat es Euch nicht geschmecket!" Ehrlich - Sie hinterlassen unauslöschliche Impressionen. Kein Gastgeber weit und breit wird Sie künftig unter seinen Gästen wissen... äh, missen wollen.

> *Trunkenbolde, grobe Wollüstlinge*
> *und alle anderen Arten von lasterhaften Leuten*
> *soll man freilich fliehn und ihren Umgang,*
> *wenn man kann, vermeiden...*
>
> *Die Wirkungen des Weins auf die Gemüter der Menschen*
> *sind aber nach ihren natürlichen Temperamenten sehr verschieden.*
>
> Knigge

Wunderwaffe 1: Dein Freund und Helfer - Alkohol

Zwar haben Sie nunmehr das Zenrum Ihres sozialen Strebens erreicht, aber es fällt Ihnen immer noch schwer, tragfähige Kontakte zu knüpfen. Parties, Empfänge, Soirées, aber auf Ihrem Konto ist immer noch Ebbe. Woran das liegen mag? Sie fühlen sich steif und verklemmt! Immer schön locker vom Hocker - und dabei hilft Ihnen Freund Alkohol. Kippen Sie das eine oder andere Gläschen Sekt! Es wird ja ausreichend angeboten. Oder verweilen Sie ein, zwei Stündchen an der Cocktailbar - dann fühlen Sie sich gerade richtig, um neue *connections* zu machen:

- Laden Sie Konsul Geier zum einarmigen Reißen ein!
- Trinken Sie mit der Gattin des Stadtrats Brüderschaft! Den Kuß nicht vergessen!
- Üben Sie mit Bischof Tatterstedt den Meßwein-Sturztrunk! Sie werden erfreut zusehen, wie der hohe Würdenträger auftaut!
- Erst voll im Vollrausch entfaltet Ihr soziales Ego alle seine Qualifikationen und knüpft somit auch wirtschaftlich auswertbare Kontakte. Und ex!

Übrigens - für Trinksprüche gilt eine einfache Regel: ganz oder gar nicht. Mit einem schlichten „Prosit!" ist niemanden gedient. Hat man ja tausendfach gehört. Entweder Sie hüllen die ganze Abendgesellschaft in einen einstündigen Toast ein oder Sie hüllen sich in Schweigen.

Wunderwaffe 2: Nikotin
Wo der Alkohol als Kontaktstifter versagt, hilft das Rauchen. Wie seelisch verbunden fühlen sich doch zwei Menschen, die der Rauch ein- und derselben Zigarette, Pfeife oder Zigarre umnebelt, in deren Kleider dasselbe rauchige Aroma haftet! Darum: Nur keine falschen Rücksichten! Beziehen Sie Ihre Mitmenschen in Ihr Raucherlebnis mit ein - vor allem solche, von denen Sie Protektion und Prestigevorteil erwarten! Sie werden sich wundern, wie schnell man Sie zur Kenntnis nimmt!
Wenn der Rauch einer Zigarette nicht genügen sollte, rauchen Sie beidhändig. Erst das dezente Nikotinblau schafft die Atmosphäre, die jeder gesellschaftliche Anlaß so bitter nötig braucht.

Und zum Schluß der Hinweis für die Nichtraucher: Beide Lungenflügel bitte an der Garderobe abgeben!

Wunderwaffe 3: Die Kinder immer dabei!
Sie rauchen und trinken nicht? Kein Grund zu resignieren! Bringen Sie einfach Ihre Kinder mit! Ungehemmt und frei werden Ihre Sprößlinge auf der Abendgala demonstrieren, welche menschlichen Qualitäten Sie Ihnen im Erbgut mitgegeben haben! Jeder wirklich gute Gastgeber versteht die Sprache spontaner kindlicher Aktion perfekt:

- Klein Holger kippt das Büfett um = Ich mag dich, Onkel Gastgeber!
- Klein Laura stopft der Gastgeberin gefülltes Huhn in die Handtasche = Ich mag deine mütterliche Ausstrahlung, Tante Regierungspräsident!
- Klein Horsti pinkelt auf den Teppich = Hach, hier fühle ich mich wie zu Hause, Onkel Baron!
- Klein Steffi wirft Wurfpfeile auf den Rembrandt und trifft den Mann mit dem Goldhelm voll zwischen die Augen = Ich habe euch ins Herz geschlossen, liebe Familie Kruppstahl!

Dilettanten an die Macht! „Künstlerische" Darbietungen
Sie sind auch kinderlos? Sie müssen nicht glauben, daß Sie somit über gar keine Mittel verfügen, auf sich hinzuweisen. Starke Beachtung erregen künstlerische Darbietungen, wenn sie unerwartet zum Vortrage kommen. Erinnern Sie sich z.B. an Ihr frühkindliches Repertoire und sagen Sie unvermittelt, etwa zwischen dem letzten Hauptgang und dem Dessert, ein nettes Gedicht auf:

> Ich bin klein,
> mein Herz ist rein,
> soll niemand drin wohnen
> als Dortmunder Kronen...

Donnernder Applaus wird es Ihnen danken. Oder singen Sie etwas, wenn die Unterhaltung auf den toten Punkt gekommen ist. Richtig, schon in der Badewanne hat Ihnen Ihre Stimme immer ausnehmend gut gefallen.
Im Salon des Außenministers fehlt Ihnen zwar der akustisch förderliche Hall, aber die Klangfarbe Ihres Organs kommt auch hier gut zur Geltung:

> Im Frühtau zu Berge wir ziehn,
> faldera
> uns schockt weder Schnaps noch Terpentin
> faldera...

Für spätere Abendstunden eignen sich Monologe aus den großen Dramen der Weltgeschichte oder auch geschickt umgearbeitete Szenen mit mehreren Darstellern. Sie unterhalten die Gäste Ihres Arbeitgebers auf das Erfreulichste, wie z.B. die Hexenszene aus „Macbeth":

> When shall we three meet again?
> In thunder, lightning or in train?

Selbst der alte Shakespeare wird im Grabe applaudieren, und die ganze Firma wird am kommenden Tag ein- und dasselbe Gesprächsthema haben: Ihre schauspielerische Begabung.

Sollte diese bei Ihnen und Ihrem Ehegefährten besonders stark ausgeprägt sein, können Sie auch den allzu gleichmäßig harmonischen Fluß des Abends mit einer spontan inszenierten Ehekrise beleben:

„Waaas! Du willst mir Vorschriften machen, wem ich in den Ausschnitt zu gucken habe und wem nicht? Hure! Dirne! Nimm doch erst mal selbst die Hand aus der Tasche des Herrn da neben dir? Darf ich vorstellen: meine Frau..." usw.

Geld macht geil - Gespräche über Zaster
Nun wollen Sie aber nicht nur zur feinen Gesellschaft gehören, sondern auch noch den Damen bzw. Herren derselben an die Wäsche - verständlich, da diese doch aus Seide ist und aus Paris stammt. Was ist zu tun?

Die Standardsituation in Sachen Anmache: Sie haben alle Register gezogen, sich in die Brust (die Brüste) geworfen, sich sonstwie ins rechte Licht gesetzt, über ihre schwere Kindheit geklagt und ihre sonnige Zukunft gepriesen - erfolglos. Keine Aussicht auf sexuelle Kontakte. Aber noch ist ihr höchster Trumpf nicht ausgespielt: der Schotter. Gehen Sie einmal grundsätzlich davon aus: Wer zur noblen Gesellschaft gehört, kann nicht genug kriegen. Geld nämlich.

Nicht umsonst gibt es in diesen Kreisen eine besondere Geschlechterdefinition:

Frau = Goldfasan
Mann = Scheinwerfer

Darf ich vorstellen? Margarete von Plubb, mein Goldfasan! Darf ich bekanntmachen? Bodo Butterspeck, mein Scheinwerfer! Gier ist alles, und schon deshalb wirkt der plumpeste finanzielle Bluff.

Nein, die anderen Ortes beschriebene Kreditkarten-Show kommt hier nicht in Frage. Erstens haben hier alle eine, zweitens sogar mehrere und drittens womöglich sogar bessere als Ihre. Mit Ihrer Eurocard Gold sehen Sie neben Barclays Brillantkarte ziemlich alt aus. Und außerdem: Kreditkarten, pah! Klimpergeld!

Erzählen Sie lieber das ein oder andere pekuniäre Märchen, aber nicht ohne die zuvor notwendige Recherche. Von Ihrer Insel in der Karibik z.B.:

Haben Sie schon mal von Manoa Noa gehört? So nennt sich meine Insel in der Karibik. Gleich hinter Barbados links. Völlig unbewohnt, bis auf meinen Bungalow an der Südküste natürlich. Gleich am Eingang der Lagune gelegen, unter schattenspendenden Palmen! Orwell, mein einheimischer Diener, hält den Pool und den Orchideengarten in Schuß, wenn ich gerade an der Wall Street zu tun habe. Sie glauben nicht, was so ein Anwesen an Arbeit macht! Neulich hat ein Tornado das Gartenhaus hinweggefegt und die Yacht beschädigt. Den Ferrari hat der Sturm glatt von Deck gerissen - der liegt jetzt auf dem Grund der Lagune. Macht sich gut, der rote Fleck in dem tiefblauen Wasser. Die Yacht, die liegt zur Zeit im Trockendock. Ach ja, letztes Frühjahr hatten wir eine Leguanplage! Überall die giftgrünen Viecher... usw.

Zwar haben Sie das Inselchen bisher nur im Atlas und auf Seekarten gesehen, doch das tut der Wirkung Ihrer Worte keinen Abbruch. Besonders dann nicht, wenn Sie massiv solariumsbraun erscheinen. Die Zehnerkarte kostet 49.- DM. Sie glauben nicht, welche sexuelle Anziehungskraft eigene Inseln ausüben.

Weitere Hinweise für Ihre Reichtumsmasche: Nur doofe Neureiche und Prolos nennen Zahlen! Die sexuelle Erregung einer Frau verlangt nach Personen, Bildern und Symbolen (Pelze, Diamanten, schicke Autos, aber ohne PS-Angabe; Häuser, Immobilien, Prominenz und Schicki-Micki), schlägt aber bei statistischen Angaben - z.B. 1,2 Millionen Jahresumsatz - augenblicklich in kalte Ablehnung um. Wer mit den schönen Dingen des Lebens so nüchtern umgeht, benutzt Frauen nur als Sexobjekte. Allenfalls kann noch ein Freund von Ihnen als Butler unauffällig und in dezenter Flüstersprache Richtwerte setzen („Frankfurt fragt nach - sind Ihnen 3,4 Millionen Beratungshonorar genehm?")

Genießen Sie die sexuelle Attraktion des Geldes ausgiebig, solange sie den Schein (die Scheine) wahren können. Wenn Sie den Dreh intuitiv herauskriegen, haben Sie zudem überall Kredit. Vielleicht steht Ihnen gar eine große Karriere als Hochstapler ins Haus. Die Welt lechzt förmlich nach Hochstaplern...

Wann Sie gehen? Ihre Sache...
Nicht nur in Ihren Eß- und Benehmensleistungen müssen Sie als Gast in der oben beschriebenen Weise überzeugen. Auch Ihre Standfestigkeit ist gefragt. Die schöne bäuerliche Sitte, daß ein Fest erst dann zu Ende ist, wenn a) der Blitz in der Scheune einschlägt oder b) der letzte Gast sturzbesoffen unter die Bänke rollt, sollte unbedingt beibehalten werden. Lassen Sie sich deshalb nicht von kleinlichen Überlegungen befallen, Ihr Gastgeber könnte etwa um 24.00 Uhr müde sein! Gott bewahre! Weshalb denn auch? Und wenn er sich abgeschlafft fühlen sollte: in die Falle mit ihm! Sie feiern auch allein weiter. Ein, zwei Trinkkumpane oder Liebespartner finden sich immer, und bevor der Morgen graut, gehen Sie nie! Nie und nimmer!

Überhaupt: Was soll das eigentlich heißen, um 24.00 Uhr ist ein Fest offiziell zu Ende? Die Szene kommt im Gegenteil erst um 1.30 Uhr...

Ätsch, wir kommen nicht! - die Absage
Das sicherste Mittel, Heulen und Zähneknirschen herbeizuführen und zugleich ihre Bedeutung als Mann oder Frau von Rang zu unterstreichen: die Absage. Nur unbedeutende Fuzzys rennen überall hin. Bloß kein Freizeitstreß! Der Mann oder die Frau von Welt sagt ab - und zwar am besten in allerletzter Minute. Das zeigt Wirkung.

- Kochkünstler stehen vor eigens zubereiteten Gebirgen edelster Delikatessen und beißen in ihrer Rage ins Heft ihres neuen Keramikmessers.

DER ANTI-KNIGGE

- Dekorationsartisten erhängen sich an ihren Girlanden.
- Modebewußte fressen zornesblind ihren Seidenanzug oder ihr Abendkleid.
- Musikalisch Interessierte werfen vor Wut das gemietete Symphonieorchester achtkantig aus dem Haus.
- Untergebene ersticken in Selbstzweifeln oder erschießen sich augenblicklich.
- Weinkenner und andere alkoholisch gut sortierten Gastgeber ertränken sich in ihren ungenutzten Spirituosenvorräten.
- Konversationsfanatiker versuchen ihr Defizit durch stundenlange Dialoge mit ihrem Fernseher auszugleichen und landen in der Regel in der Klapsmühle.

- Geschäftspartner berufen den Aufsichtsrat zu einer Nachtsitzung ein und fragen sich, ob sie Konkurs anmelden müssen.

Sie sollten nicht glauben, daß Ihre Absagen und deren herbe Folgen Sie unbeliebter und weniger begehrt als Partygast machten. Im Gegenteil, seien Sie sicher, man reißt sich um Sie! Denn *wenn* Sie kommen, werten Sie durch Ihre rare Anwesenheit jede Veranstaltung zur festlichen Gala auf. Wiederholte Absagen bei ein und demselben Gastgeber können jedoch ins lästige Gegenteil umschlagen: Wenn Sie sich schließlich doch einmal entschließen hinzugehen, stehen Sie vor verschlossener Tür, an der ein Zettel klebt: ÄTSCH!

> Kraftgenies und exzentrische Leute
> lasse man laufen,
> solange sie sich noch nicht gänzlich
> zum Einsperren qualifizieren.
> Die Erde ist so groß, daß eine Menge Narren
> nebeneinander Platz darauf haben.
>
> Knigge

Das Primitive überzeugt im Kulturleben

Hochkultur, feinsinnige Worte, Bilder, Szenen und Darbietungen kennt der Mensch unserer Tage in Hülle und Fülle. Derartige gefühlig-sensible Darbietungen reißen niemanden mehr vom Hocker. Was der Mensch unserer Zeit vermißt, ist das Erdhaft-Rohe, das Authentisch-Ungeschlachte, das elementare Urereignis sozusagen. Deshalb werden Sie kaum Furore machen, wenn Sie informiert und auf dem letzten Stand der Diskussion über die soeben gesehene Ausstellung oder das Theaterstück parlieren.

Das Non-plus-ultra für schlechtes Benehmen: die Vernissage

Hingegen werden Sie jedermanns Auge und Ohr auf sich ziehen, wenn Sie Ihre Ansichten durch Urschrei, Schlammbad, Blutorgie oder Furzsymphonie zum besten geben. Natürlich sollten Sie den Teppichboden des guten Geschmacks nur kurzfristig verlassen und danach sofort wieder die intellektuelle Seite Ihrer Person hervorkehren. Mit dem Vorteil, daß Sie nun Ihre eigene Performance interpretieren können, und nicht das Machwerk irgendeines völlig verblödeten Künstlers, auf dessen Vernissage Sie sich zufällig befanden... Der Typ kriegt kunsttheoretisch natürlich keine Schnitte mehr - man wird Sie für den Künstler halten!

Schockeffekte in Theater, Oper, Konzert

Ähnlich hohe Aufmerksamkeit erzielen Sie mit Schock und Horror im Musentempel. Eine Schweinehälfte, die in der Oper vom Balkon fällt, ein Korb voller Pferdeäpfel, der über Orchester und Dirigenten herabregnet oder ein totes Huhn im freien Flug zwischen die Damen und Herren des Balletts weisen das empfindsame Publikum zugleich auf die Vergänglichkeit irdischer Existenz und auf Ihre Qualitäten als Aktionskünstler hin. Sicher wird man die unbedeutende Premiere unterbrechen, um Ihnen die Ihnen zustehenden *Honeurs* zu erweisen. Sie werden als neue, leuchtende Supernova am künstlerischen Himmel dieses Abends erstrahlen. Wir gratulieren! Mit guten Manieren hätten Sie das nie erreicht!

Mitmacherfolge 1: Im Ballett

Nur keine Hemmungen! Niemand verfügt über so vielfältige geniale Begabungen wie Sie selbst! Halten Sie sich nicht zurück, die Menschheit wartet auf Sie! Wer will schon diese brettartig ausgeprägte Primaballerina den Sterbenden Schwan tanzen sehen? Der deutsche Mann jedenfalls nicht. Der steht nach letzten Untersuchungen auf wohlig-warme Rundungen. Enthalten Sie ihm nichts vor: Erst Sie, die rubensrunde Metzgersgattin, füllen mit Ihrem Astralkörper die Bühne in angemessener Weise. Wie nett Ihnen der Tütü steht! Und wie prachtvoll Ihr Busen bei den Pirouetten wabert, wie herrlich Ihre vollfetten Schenkel im Scheinwerferlicht glänzen! Das hat Klasse!

Mitmacherfolge 2: Im Kabarett

Auch Sie, werter Zeitgenosse, sollten Ihr Licht nicht unter den Scheffel stellen. Wo finden Sie ein kompetenteres Publikum für Ihre satirisch-humoristische Begabung als im Kabarett? Mit einem höflichen „Darf ich jetzt mal?" schieben Sie die professionellen Akteure von der Bühne, die nun ganz Ihnen gehört.

Erfreuen Sie die erwartungsvollen Zuschauer mit Ihren stadtbekannten Stegreif-Scherzen! Die Profis werden sofort verstehen: Hier macht ein Könner Programm, und wir haben frei. Ach übrigens: Kennen Sie den?

> *Das sicherste Mittel für einen Gastwirt,*
> *viel Zuspruch zu bekommen*
> *und also Geld zu gewinnen,*
> *ist: höflich, billig, nebst seinen Leuten*
> *schnell zur Aufwartung*
> *und nicht neugierig zu sein.*
>
> Knigge

Brüskierte Kellner und geklautes Besteck - Spaß im Restaurant

Wann einmal bietet sich Gelegenheit für hemmungslose Selbstdarstellung? Zu Hause arten Ihre Versuche in dieser Richtung entweder zum skurrilen Volkstheater oder zur Gardinenpredigt aus, und anderswo haben meist andere das Sagen. Im Restaurant allerdings bietet sich die Bühne, die Sie sonst immer vermissen.

Nutzen Sie Ihre Chance, der ganz große Zampano zu werden - es wird Sie nämlich auch so einiges kosten...

Die Beschwerde 1: Was ist das überhaupt für ein Saftladen hier?

Nur chronisch unsichere Intellektuelle und andere Klemmexperten bringen ihre (berechtigte) Unzufriedenheit im Restaurant dezent und ohne Aufsehen an den Mann oder die Frau.

Der wirkliche Könner geht solche Dinge anders an. Zum einen geht es ihm natürlich nicht oder nur am Rande um die Qualität der Dienste. Nein, nichts wirkt mondäner als ein angemotzter Kellner. Zumindest scheint dies ein guter Teil unser „guten" Gesellschaft zu glauben, denn das Ritual der angepflaumten Bedienung gehört zu nahezu jedem Geschäftsessen. Das Repertoire reicht von „Stehen Sie mal gerade, Mann!" über Sätze wie „Der Teller hier ist nicht sauber!" bis hin zur persönlichen Beschimpfung: „Was erlauben Sie sich, Sie Schweinebuckel! Nehmen Sie sofort den Daumen aus meiner *Terrine du boef*! Das soll ein Drei-Sterne-Restaurant sein!" oder „Machen Sie mal Ihre Hose zu, Sie Schwein!"
Im Regelfall schlägt der Kellner oder die bedienende Dame die Augen zu Boden und schweigt; schließlich muß er/sie um ihre Stellung fürchten. Der randalierende Gast hat sein schnödes Ziel erreicht: Alle seine Geschäftspartner sind beeindruckt von seiner Macht. Was sich der Mann hier alles herausnehmen darf! Booh, eyh!

Der Ober von Welt allerdings pflegt gelassen zu antworten: „Achten Sie auf Ihre Worte, mein Herr! Sonst sehen Sie gleich Sterne!" Leider ist der Ober von Welt selten geworden. Ein solcher Vollprofi seines Berufs untersucht derartige Gäste meist beim Verlassen des Lokals nach geklautem Besteck. In der Regel wird er fündig.

Die Bestellung
Auch bei der Bestellung bietet sich Gelegenheit, die eigene Bedeutung deutlich zu unterstreichen. Dabei tragen verschiedene Aspekte zur Aufwertung des Bestellenden bei:

- Die Dauer des Auswahlprozesses. Nur Kommunisten und Sozialapostel nehmen Rücksicht auf die übrigen auf Nahrung harrenden Gäste. Das gemeine Volk hat zu warten.

- Die Art und Weise, in der sich der Bestellende beraten läßt. Erst wenn er neben dem Rezept die Geschichte des zu bestellenden Gerichts, die gesamte Ausbildung und die Verwandtschaftsbeziehungen des Kochs durchleuchtet hat, geht er zum nächsten Menüpunkt über. Das kann dauern.

- Die Technik der konsequenten Änderung. Nichts wird *á la carte* bestellt, alles wird geändert. Gerade dann, wenn der Ober aufatmend die Bestellung als abgeschlossen betrachtet, wirft der Bestellende die bisherige Planung völlig über den Haufen und geht das abendfüllende Projekt Abendessen noch einmal von neuem an. Alle übrigen Gäste reißen sich im Bewußtsein schierer Ausweglosigkeit die Haare aus und streuen Asche auf ihr Haupt. Der Ober schwankt, ist dem Zusammenbruch nahe, aber - hier zeigt sich der Profi - er hält durch. Erst wenn aus dem Lammrücken in Estragonsauce ein Jägerschnitzel im Maggisud geworden ist, ruht der gekonnt bestellende Gast.

- Der krönende Abschluß: ein kleiner Schlußaffront. Der Gast studiert, beraten durch den dem Wahnsinn nahen Kellner, etwa eine Stunde lang die Weinkarte des Soundsoviel-Sterne-Freßtempels, schüttelt sich gelegentlich angewidert, zeigt bei Nennung gewisser Namen Anzeichen von Brechreiz und bestellt schließlich für sich und seine Gäste Coca-Cola oder Flaschenbier. „Da weiß man, was man hat!"

- Setzen wir noch eins drauf: die Schockbestellung. Bestellen Sie ein Glas leicht angegorene Ziegenmilch oder den frisch gezapften Saft des Coa-Cua-Baumes mit ein wenig Angostura! Jetzt wird sich zeigen, welche Klasse das Lokal wirklich hat!

Wer angibt, hat mehr vom Leben: Champagner für alle!
Die dritte große Bühne für Ihre Selbstdarstellung im Restaurant: die großzügige Bestellung. In den Fünfziger und Sechziger Jah-

ren Domäne besoffener Großmetzger oder völlig durchgedrehter Lottokönige, greift diese (Un)sitte immer weiter um sich. Man hat es ja. Außerordentlich wirkungsvoll: die „Champagner für alle!"-Bestellung in der Eckkneipe oder Pommes-Frites-Bude mit Spirituosenausschank. Dort besteht die deutliche Chance, daß es keinen Champagner gibt - gemeiner Sekt wird natürlich abgelehnt. Dennoch sind alle tief beeindruckt. Im Falle, daß das teure Edelblubberwasser verfügbar ist, wird der großzügige Spender zwar mächtig zur Kasse gebeten, aber der Eindruck, den er hinterläßt, ist noch größer als der Schaden in Mark und Pfennig. Betrunken wird zwar niemand von dem Tröpfchen Champagner, das für jeden bleibt, aber dennoch besoffen: selbstbesoffen. Wie schade, daß er sich nichts dafür kaufen kann.

Beschwerden 2: das Essen
Die bereits im Kapitel „Beschwerde 1" beschriebenen Praktiken erreichen hier sozusagen Ihre Hochblüte, denn natürlich kann ein überfeinerter Mensch wie Sie keinen Gefallen an den Produkten eines x-beliebigen Lokals finden, auch wenn er im Regelfall Brombeermarmelade kaum von Kaviar unterscheiden kann. Die Beschwerde ist eine obligatorische Übung. Stets wertet sie die empfindsame Zunge des Feinschmeckers in den Augen seiner Gefährten ins Übermenschliche auf (auch anatomisch bemerkenswerte Bildkonstruktion!). Alle staunen: Was dem alles **nicht** schmeckt! So demonstrieren Sie wahre Kennerschaft.

Weiter von Bedeutung: Ein Mensch von Rang und Namen, wie Sie es sind (sein wollen), übergibt seine Reklamation natürlich nicht dem Personal! Der Küchenchef, der Besitzer des Lokals oder zumindest der Geschäftsführer sollte es schon sein! Ist der Gewaltige des Lokals herbeizitiert, so nehmen Sie nur kein Blatt vor den Mund! Ein dezentes „Ihr Mousse au chocolate schmeckt meiner Meinung nach ein wenig nach Seife!" denunziert Sie

nicht nur bei den anderen Gästen als Duckmäuser, sondern läßt außerdem sogar Zweifel an Ihrer Kennerschaft zu. Besser und wirkungsvoller äußern Sie in voller Lautstärke: „Wer, bitte, soll diesen Schweinefraß hier herunterwürgen? Das schmeckt ja wie braun gefärbte Schmierseife!"
Besonders getroffen sind Gastronom oder Koch, wenn Sie die Spezialität des Hauses in aller Öffentlichkeit abkanzeln. Einen kritischen Gast wie Sie wird man immer wieder gern im Hause haben! Allerdings könnte es sein, daß im Falle allzu harscher Kritik Ihrerseits sich die Küche zu Gegenmaßnahmen rüstet. Rechnen Sie damit, daß bei Ihrem nächsten Besuch Ihr Omelett mit Taubenmist gefühlt ist und Ihr Wein ein, zwei Tröpfchen Pferdeurin enthält. Also Vorsicht! Und wenn es schiefgegangen

ist und Sie hineingebissen haben: Immer die Contenance bewahren! Gönnen Sie den anderen nicht den Triumph, Sie hereingelegt zu haben!

Und ein lebensrettender Tip zum Schluß: Meiden Sie als kritischer Gast Gaststätten und Lokalitäten, deren Wirt einmal Preisboxer war!

Beschwerden 3: die Rechnung

Die Rechnung als neuralgischer Punkt im Restaurant ist nicht neu. Schon Knigge sah die sattsam bekannten Probleme:

> Wenn der Wirt übermäßig viel für die Zehrung fordert
> und sich nicht auf einen starken Abzug einlassen will,
> so tut man doch nicht wohl,
> ihm schriftliche Rechnung
> und genaue Spezifikation
> jedes einzelnen Punktes abzufordern,
> es müßte denn der Mühe wert sein,
> ihn bei der Polizei zu belangen.
>
> Fängt er an aufzuschreiben, so rechnet er immer noch mehr heraus,
> als er anfangs gefordert hatte –
> und wer kann denn mit einem solchen Taugenichts
> über die Preise der Lebensmittel sich herumzanken?

Doch sehen Sie die unangenehme Forderung des Gastwirtes nach Bezahlung als eine großartige Chance: Hat Ihr vorangegangener Protest Ihrer Meinung nach noch nicht genug Staub aufgewirbelt, so bietet Ihnen die Rechnung noch einmal ausreichend Anlaß zu provokativem Handeln!

Wieder gilt es, unbedingt Ihre Selbstsicherheit zu demonstrieren und Ihre Position als Platzhirsch zu manifestieren.

Beachten Sie folgende Regeln:

1. **Bitten Sie die Bedienung niemals unauffällig um die Rechnung!**
Wie sollen die übrigen Gäste im Lokal denn erfahren, daß Sie es sind, der zahlt? Schließlich müssen ja alle unbedingt wissen, daß Sie die dicke Kohle in der saffianledernen Patte haben. Erheben Sie sich also von Ihrem Platz und rufen Sie mit Ihrer wohlklingenden Stimme in voller Lautstärke durchs Lokal: „Die Rechnung bitte!"

Steigern läßt sich die Wirkung noch, indem Sie den Kellner lauthals beim Vornamen rufen und/oder eine Fremdsprache verwenden. „Willi, the bill, please!" zeigt einerseits, daß Sie ein vertrauter Stammgast des Edelschuppens sind, läßt andererseits keinen Funken eines Zweifels an Ihrer Weltkenntnis und umfassenden Bildung. Wann hat unsereins mal Gelegenheit, sein Wissen in der Öffentlichkeit zu demonstrieren?

2a. Der Weg der Genauigkeit
Zahlen Sie nie, ohne die Rechnung gründlichst zu prüfen! Gerade bei Geschäftsessen belegt dieses Vorgehen Ihre bis zur Pedanterie gehende Gründlichkeit und damit Ihre Vertrauenswürdigkeit in Gelddingen. Zücken Sie den Taschenrechner! Ziehen Sie Ihren Buchhalter oder Ihren EDV-Experten hinzu! Zählen Sie leere Teller, Gläser und sonstige Gefäße auf dem Tisch! Diskutieren Sie einzelne Rechnungspunkte (Schnäpse, Biere, Telefongeld) mit dem Geschäftsführer! Zahlen Sie danach unter lautem Protest! Ein Weltmann wie Sie zahlt stets nur unter Protest!

2b. Der Weg der Großzügigkeit
Werfen Sie allenfalls einen flüchtigen Blick auf die Rechnung, um die Summe zu erkennen. Kenner lassen sich den Betrag von einem ihrer Geschäftsfreunde mündlich referieren: „Du, Horst,

ich hab´ meine Brille nicht dabei... Was sagst du, macht es? 640 Mäuse! Alles bestens!" Zahlen Sie nun, ohne zu zögern und werfen Sie die Rechnung achtlos als Papierknäuel in den Aschenbecher. Von der Steuer absetzen? So etwas haben nur Haarspalter nötig! Erfolgreiche Menschen wie Sie doch nicht! Im Vertrauen: Wenn Sie am nächsten Tag noch einmal allein vorbeischauen, stellt Ihnen der Wirt gern ein Duplikat aus.

Übrigens: Wenn man im Chinarestaurant nicht nach der Rechnung verlangt, bringt der Ober sie stets dem Dicksten, weil Chinesen den für den Reichsten halten! Und der kann sich natürlich kaum lumpen lassen. Gehen Sie also mit vollschlanken Freunden ins „Wang Chong", wenn Sie mal wieder gratis zuschlagen wollen!

Rühme aber auch nicht zu laut Deine glückliche Lage!
Krame nicht zu glänzend Deine Pracht,
Deinen Reichtum, Deine Talente aus!

Knigge

So wird man bargeldlos sein Geld los!
Die Kreditkarten-Show

Wo Knigge irrt, da irrt er. Wozu sein Licht unter den Scheffel stellen? Welche wollen Sie? Die Euro-, Master-, Visa- oder lieber die American-Express-Card? Was ist der Mensch ohne das Angeber-Display in seiner Brieftasche wert? Erst mit drei bis vier Kreditkarten wird aus dem Durchschnittsbürger ein Edelkonsument, der die Lizenz zum uneingeschränkten Prassen sichtbar bei sich trägt. Damit gehört er zu einer Elite - oder er glaubt es zumindestens. Er berappt brav seinen Kreditkarten-Jahresbeitrag und zückt danach das geile Ding, wo er nur kann: insbesondere im Restaurant, aber auch am Kiosk, auf dem

Bahnhofsklo, im Freudenhaus usw. Damit wirbt er natürlich auch mächtig für die Karte, denn all die anderen Menschen, die auch überzeugt sind, zu so einer Elite zu gehören, wollen auch so ein Stück Polyäthylen.

Aber der Kreditkärtler zahlt nicht immer mit der Karte. Häufig genügt nämlich schon die Androhung, mit der Karte zu zahlen, und die Preise fallen - um die fünf Prozent nämlich, die das Kreditkartenunternehmen dem Verkäufer für das Vorrecht des Käufers abzieht, mit Plastik zu blechen. Es sind genau die fünf Prozent, die der Verkäufer bereits auf den Preis aufgeschlagen hat - er ist ja nicht doof.
Und da es kein Zwei-Preis-System für Kartenzahler und Nichtkartenzahler geben darf, zahlen alle dummbeuteligen Barzahler, die nie an Plastik-*Cash* gedacht haben, diese fünf Prozent mit, was dem Verkäufer natürlich recht ist. So haben fast alle was von der Kreditkarten-Show: der Verkäufer kassiert im Schnitt etwas mehr, der Kreditkartenbesitzer platzt fast vor Prestige - nur die ekligen Armen, die keine Karte kriegen und die Hirnis, die nur mit Geld in der Tasche herumlaufen, die haben die Rechnung zu blechen. Richtig so.

Wichtiges Detail: Es kommt sehr darauf an, *wie* man die Karte vorlegt. Ganz abzulehnen sind Verfahren wie etwa Vorzeigen der Wochenkarte in der Straßenbahn oder beim Bezahlen des Milchgelds in der Schule. Der wirkliche Mensch gehobener Kreise schnippt die Karte locker über den Tresen, hält sie gelangweilt zwischen spitzen Fingern baumelnd dem Gastwirt oder Ober vor die Nase oder bietet gleich sein ganzes Protz-Display auf einmal an: „Welche woll'n Sie?" So wird das gemacht, Adolph!

Hey, Big Spender! Trinkgeld
Ganz gleichgültig, was Sie sonst in dem Lokal angestellt haben: Kein wirklicher Mensch mit Benehmen läßt die Chance aus, sich

durch ein Trinkgeld darzustellen. Dabei beachtet er die folgenden Goldenen Regeln des Trinkgeld-Gebers:

Man gibt immer ein Trinkgeld!
Wer kein Trinkgeld gibt, läßt die Chance verstreichen, seine Unzufriedenheit durch viel zu kleine Münze auszudrücken. Drei Pfennig, ein Groschen oder auch zwei Mark, können, je nach Lokal, ein Schlag ins Gesicht gleichkommen. Ein so getroffener Ober beißt sich vor Wut in den Bauch. Es kann aber auch passieren, daß er schlagfertig antwortet: „Ach, nein, danke! Ich möchte Ihre angespannte Finanzlage nicht weiter strapazieren!"

Dicke Trinkgelder beschämen...
wenn Sie zuvor einen deftigen Streit mit dem *maitre de cuisine* hatten oder die Beschwerde-Show abgezogen haben. 50 Märker bringen so manchen Kellner zum Schweigen, und für einen Hunderter kriegt ein nettes Mädchen vom Büfett schon mal Maulsperre. Wenn Sie sich das so viel kosten lassen wollen...

Offen auf den Tisch!
Nur die bereits genannten Duckmäuser stecken der Bedienung das Trinkgeld dezent zu! Wer etwas gelten will, blättert die Asche offen auf den Tisch und grinst breit dazu. Am besten schnippen Sie noch die Asche Ihrer Davidoff auf die Münzen oder Scheine und erfreuen sich an dem Anblick der Untermenschen, die wegen des bißchen Geldes in Ihrem Dreck herumwühlen. Das wirkt vielleicht sympathisch!

Das Trinkgeld vor dem Essen?
Wer die menschliche Psyche kennt, weiß, daß nach wie vor Zuckerbrot und Peitsche regieren. Wer dem Kellner vor geleisteter Arbeit die Münzen oder Scheinchen zusteckt, hat ja nachher gar keine Möglichkeit mehr, ihn für Fehlverhalten zu bestrafen. Nicht doch, so denken nur weltfremde Spinner, die Konflikte scheuen und mit jedermann lieb Kind sein wollen.
Übrigens: Kommen Sie als Mann beim Verlassen des Lokals bloß nicht auf die Idee, einer Dame in den Mantel zu helfen! Schließlich sind sie ja emanzipiert, die Weiber! Uns Männern hilft ja auch keiner!

Die Sau rauslassen - Anbaggern und Aufreißen
Das Primitive, Urhafte überzeugt - nicht nur in der Kunst ist es gern gesehen, auch im Lokal. Wenn Ihnen die oben beschriebenen Vorgehensweisen irgendwie nicht liegen oder Sie lieber Originelleres vorführen möchten, so greifen Sie auf die gewachsenen Traditionen unserer Vorväter zurück. So manche Wade, so

manches runde Hinterteil im gastronomischen Gewerbe erhielt täglich neue dunkelblaue Erinnerungen an zwickende Finger erotisch angeregter Gäste.
Führen Sie diese schöne Tradition fort! Greifen Sie getrost der Kellnerin an die Wäsche, mein Herr! Man ist ja freier heutzutage. Kneifen Sie den Ober ins stramme Hinterteil, meine Dame! Er wird es zu schätzen wissen. Nur keine falschen Hemmungen! Die übrigen Gäste werden Sie als Casanovas legitimen Nachfolger bejauchzen.

Auch offen abgegebene sexuelle Angebote nach dem Motto: „Wann haben Sie denn hier Feierabend?" oder „Was kostet denn bei Ihnen die Nachtschicht?" werden von der Bedienung immer wieder laut jubilierend begrüßt. Auf was sonst wartet wohl der Oberkellner, die Dame am Büfett sehnlicher, als gerade mit Ihnen privat zu verkehren? Perfekt erzielt dieses Ansinnen seinen Effekt, wenn Ihr Ehepartner im Lokal verweilt und Ihnen lauschen darf. Hei, wie freut er oder sie sich, daß Ihre sexuelle Potenz so schön eskaliert, wenn Sie zwei, drei Fläschchen Schaumwein genossen haben! Übrigens: Große Alkoholmengen enthemmen Menschen sexuell nicht nur unheimlich, sondern steigern auch ihre Attraktivität! Einfacher gesagt: Besoffen sind Sie der Größte!

Wer wünscht sich nicht einen lustig lallenden Liebesgefährten mit so herrlich schlaffen Schlabbergliedern? Was kann den Liebesakt spannender gestalten als die ständige Bedrohung durch ans Tageslicht drängenden Mageninhalt?

> *Glaube immer - und du wirst wohl dabei fahren -,
> daß die Menschen nicht halb so gut sind,
> wie ihre Freunde sie schildern,
> und nicht halb so böse,
> wie ihre Feinde sie ausschreien.*
>
> Knigge

Charakter? Hauptsache flexibel!

Der Idealcharakter

Wir wollen Sie nicht so schlecht machen, wie diese Welt ist - Gott bewahre! Nein, Sie sollen nicht immer der abgefeimte, durch und durch miese, immer auf seinen Vorteil lauernde, jeden hintergehende, sich aber zugleich überall einschmeichelnde Typ Mensch sein, der Lügner, Loddel, Dieb, Erpresser, Betrüger und Mörder, der in unseren Tagen so überaus erfolgreich ist. Auch wenn es bereits seit 136 Seiten so aussieht. Nur sind wir an den Punkt gekommen, an dem es um Ihre näheren sozialen Kontakte geht - die Gepflogenheiten in dem Schweinestall, in dem wir leben. Und da wird man leicht selbst zum Schwein. Womit wir wieder nichts gegen *sus domesticus* gesagt haben wollen. Das Tier mögen wir (hmmm!). Aber wo kommt man hin, wenn man auf Angriffe nicht mit gleichen Waffen antwortet? Das Leben ist ein einziger Kampf - Auge um Auge, Zahn um Zahn...

Streit - leicht gemacht

Freunde? Sind das nicht die miesen Typen, die einem bei jedem Besuch den Kühlschrank leerfressen? Oder unsereinem das geliehene Auto zu Schrott fahren und das Wrack dann mit einem unvergleichlichen Augenzwinkern zurückgeben: Schicksal! Wäre dir sicher auch passiert!

Nachbarn? Sind das nicht die miesen Typen, die einem jeden Abend den letzten Parkplatz vor der Haustür wegschnappen? Die einem im Herbst die Äpfel von den überhängenden Zweigen des Apfelbaumes klauen und zum Dank auch noch das bißchen Laub über den Zaun zurückwerfen?
Kollegen? Sind das nicht die miesen Typen, die einem ständig die besten Posten wegschnappen? Die sich in der Kantine vordrängen und einem jedes Jahr wieder die Urlaubsplanung durcheinander bringen, weil sie gerade dann Urlaub machen müssen, wenn man selber will? Nein, wie ruhig und ausgeglichen verstriche doch ein Leben ohne Freunde, Nachbarn und Kollegen, die uns von Katastrophe zu Katastrophe hetzen und zunehmendes Chaos in unsere Tage bringen...

Versuchet es, meine Freunde!
wie viele unter Euren Bekannten
nicht auf einmal,
mitten in der fröhlichsten, höflichsten Gemütsstimmung,
ihr Gesicht in feierliche Falten ziehen,
wenn Ihr Eure Anrede mit den Worten anhebet:
„Ich muß eine große Bitte an Sie wagen;
ich bin in einer schrecklichen Verlegenheit."

Freunde fürs Leben?
Da hat Knigge nun endlich mal wieder recht: Wer an die Märchen von Hilfsbereitschaft und treuer Unterstützung glaubt, lebt auf dem Mond. Wie die Galaxien im Weltall streben „Freunde" auseinander, wenn bestimmte Umstände eintreten. Hier eine Liste, der Sie sicher noch einige Punkte hinzuzufügen haben.
„Freunde" entfernen sich mit annähernd Lichtgeschwindigkeit, wenn:
a) jemand pleite ist und womöglich Geld borgen muß
b) körperlich anstrengende Arbeiten auszuführen sind, z.B. bei Umzügen

c) sich jemand in einer echten psychischen Krise befindet
d) jemand dringend und für mehr als zwei Sekunden ihrer Hilfe bedarf
e) jemand einen Fehler gemacht hat und nun lästige Folgen zu erwarten sind.

Sollten Sie derartige Beobachtungen bisher nicht gemacht haben: Freuen Sie sich! Sie haben echte Freunde, eine bisher ausgestorbene Spezies, wiederentdeckt!

Es kann der Frömmste nicht in Frieden leben...
Knigge setzt in puncto Nachbarschaft auf Friede, Freude, Eierkuchen:

> Es gibt kleine Gefälligkeiten, die man denen schuldig ist,
> mit welchem man in demselben Haus, denen man gegenüber wohnt
> oder deren Nachbar man ist; Gefälligkeiten, die an sich geringe scheinen,
> doch aber dazu dienen, Frieden zu erhalten, uns beliebt zu machen,
> und die man deswegen nicht verabsäumen soll. Dahin gehört:
> daß wir Poltern, Lärmen, spätes Türzuschlagen im Hause vermeiden,
> andern nicht in die Fenster gaffen,
> nichts in fremde Höfe oder Gärten schütten und dergleichen mehr.

Gute alte Zeit! Mit derartigen Regeln des Wohlverhaltens kommen Sie heutzutage nicht weit. Gehen Sie grundsätzlich von der ebenso einfachen wie klaren Hypothese aus:

Ihr Nachbar haßt Sie!

Nicht aus einem bestimmten Grund, sondern einfach so: weil Sie sein Nachbar sind. Und weil er von Natur aus einen zu niedrigen Adrenalinspiegel hat, den er durch gelegentliche nachbarschaftliche Scharmützel auf die richtige Höhe heben muß. Das hat ihm sein Hausarzt geraten, sagt er.

Deshalb kippt er gelegentlich den Inhalt seiner Sondermülltonne in Ihren Vorgarten.

Oder er streicht seinen Zaun in Ultrapink, wenn Sie sich gerade zu dem dezenten Farbton Staatsbürger-Tundra entschlossen haben.

Klar, daß Sie ihm bei seinen medizinischen Problemen mit dem Adrenalinspiegel helfen und gleich auch noch seinen Blutdruck in die Höhe treiben. Hier ein paar probate Vorschläge:

- Grüßen Sie ihn nie, aber stets...

- ...seinen Ehepartner! Klar, daß Sie sich in seine Ehe drängen wollen!

- Laden Sie ihn und seinen Ehepartner zum Abendessen ein - ihn selbst aber kurz darauf wieder aus...

- Parken Sie stets dicht neben seinem Wagen und rufen Sie sofort die Polizei, wenn seine Wagentür Ihren Wagen auch nur streift!

- Kippen Sie nachts heimlich Müll in seine Tonnen! (Vorsicht! Selektieren Sie sorgfältig Papiere mit Ihrer Anschrift aus!)

- Schneiden Sie seine Pflanzen, Sträucher und Bäume an der Grundstücksgrenze messerscharf ab! Auch der Luftraum über Ihrem Eigentum gehört Ihnen!

- „Düngen" Sie den Baum vor seiner Haustür mit Schwefelsäure!

- Schießen Sie mit dem Luftgewehr die Birnen von seinem Prachtbaum!

- Nehmen Sie jeden Ball gefangen, den seine Kinder auf Ihr Grunstück schießen oder werfen!

- Kidnappen Sie seine Katze, warten Sie, bis er Pussy vermißt und rösten Sie dann ein Kaninchen auf dem Gartengrill!

- Werben Sie seine Haushaltshilfe ab!

- Verführen Sie seine Tochter oder seinen Sohn!

- Schreiben Sie anonyme Briefe an die Steuerfahndung!

- Weisen Sie seinen Arbeitgeber auf seine kleptomanische Veranlagung und sein Vorstrafenregister hin!

Und vor allem:

- Rechnen Sie damit, daß Sie eines Tages von ihm ermordet werden!

*Schreibe nicht auf Deine Rechnung
das, wovon andern
das Verdienst gebührt!*

Knigge

Kollegen? Wozu sonst sind sie da?
Wie soll man seine eigenen Qualitäten herausstreichen, wenn man sie nicht vor den Hintergrund seiner abgrundtief schlechten Mitmenschen darstellen kann? Wie seine Sonnenseiten akzentuiert hervorheben, wenn nicht vor den Schattenseiten anderer? Nur keine Hemmungen, die anderen machen es auch so!

Nehmen Sie z.B. Heribert Bemmel, Unterabteilungsleiter in der Schleckermann-Filiale Hannover-Süd, der seine Qualitäten im Gespräch mit Betriebssleiter Zirch herauszustellen weiß:

Zirch: „Nun, Bemmel, worum geht es?"

Bemmel: „Ja, Herr Zirch, ich wollte den Hottenbacher für den Posten als Leiter des Auslieferungslagers vorschlagen!"

Zirch: „Das ist aber nobel von Ihnen!"

Bemmel: „Na, ja. Schließlich ist der Hottenbacher schon 35 Jahre im Betrieb, ohne sich je um Beförderung bemüht zu haben. Er meint, daß ihm die Qualifikation fehlt und ich mich viel besser in der Lagerorganisation auskenne. Wo er Recht hat, da hat er Recht! Er ist ja eine erfahrene Lagerhilfskraft!"

Zirch: „Genau deshalb hätte ich Bedenken, ihn für eine Führungsposition..."

Bemmel: „Ooooch! Das schafft der locker! Wissen Sie noch wie er damals die Sache mit den fehlenden Videorecordern gemanaget hat? Ach, nein, das ist jetzt vielleicht ein schlechtes Beispiel, weil die Kripo..."

Zirch: „Hören Sie bloß auf! Das ging ja sogar für mich knapp am Gefängnis vorbei!"

Bemmel: „Eben! Kaum war er aus dem Gefängnis zurück..."

Zirch: „...kam schon der nächste Skandal! Der kanadische Whiskey, der einfach so verdunstet ist!"

Bemmel: „Aber das werden Sie ihm doch nicht übelnehmen! Trinker sind doch krank! Und wenn dann noch eine gewisse Veranlagung zur Kleptomanie..."

Zirch: „Auch das noch!"

Bemmel: „Was bin ich froh, daß ich ein ordentlicher und gewissenhafter Mitarbeiter bin, der oft auch über den Arbeitsalltag hinausgehende Initiative zeigt!"

Zirch: „Genau! Das ist es doch, was wir suchen! Wollen denn nicht Sie....?"

Treffer versenkt!

Nachwort

Alles gerafft? Dann mal ran an die absolut rücksichtlose Karriere. Und hinein ins hemmungslose Vergnügen! Die Welt wartet auf Sie und Ihre unsäglichen Geschmacklosigkeiten. Wenn Sie sich jedoch angewidert bzw. abgestoßen fühlen und nun eher nach guten Manieren sehnen, so können wir Ihnen einen großartiges Buch empfehlen. A...

Ah, Sie wissen schon!

ENDE

Fröhliches Hassen
versöhnt die Klassen

Für Elternhasser

Für Kinderhasser

Für Frauenhasser

Für Männerhasser

Für Computerhasser

Für Lehrerhasser

Für Hundehasser

Für Fußballhasser

Für Ärztehasser

EICHBORN
HANAUER LANDSTRASSE 175 · D-6000 FRANKFURT AM MAIN 1
TELEFON (0 69) 40 58 78-0 · FAX (0 69) 40 58 78-30